# Consciência e o inconsciente

CB052669

**Dados Internacionais de Catalogação na Publicação (CIP)**
**(Câmara Brasileira do Livro, SP, Brasil)**

Jung, Carl Gustav, 1875-1961
Consciência e o inconsciente / Carl Gustav Jung ; tradução de
Guilherme Summa ; revisão técnica de Elizabeth Sandoval. –
Petrópolis, RJ : Vozes, 2024.

Título original: Consciousness and the unconscious: lectures
delivered at eth zurich, volume 2: 1934.

Bibliografia.
ISBN 978-85-326-6637-6

1. Psicanálise  2. Psicologia  3. Psicologia junguiana
I. Sandoval, Elizabeth.  II. Título.

23-183581                                                      CDD-150.1954

Índice para catálogo sistemático
1. Psicologia junguiana 150.1954

Aline Graziele Benitez – Bibliotecária – CRB-1/312

# C.G. JUNG

## Consciência e o inconsciente

PALESTRAS REALIZADAS NO ETH DE ZURIQUE
VOLUME 2: 1934
EDITADO POR **ERNST FALZEDER**

Tradução de Guilherme Summa

Revisão técnica de Elizabeth Sandoval

EDITORA
VOZES

Petrópolis

## ⓟ PHILEMON SERIES

Tradução do original em inglês intitulado *Consciousness and the Unconscious – Lectures Delivered at ETH Zurich* – Volume 2, 1934. Editado por Ernst Falzeder by C.G. Jung, autor.

Direitos de publicação em língua portuguesa – Brasil.
2024, Editora Vozes Ltda.
Rua Frei Luís, 100
25689-900  Petrópolis
Brasil

**CONSELHO EDITORIAL**

**Diretor**
Volney J. Berkenbrock

**Editores**
Aline dos Santos Carneiro
Edrian Josué Pasini
Marilac Loraine Oleniki
Welder Lancieri Marchini

**Conselheiros**
Elói Dionísio Piva
Francisco Morás
Gilberto Gonçalves Garcia
Ludovico Garmus
Teobaldo Heidemann

**Secretário executivo**
Leonardo A.R.T. dos Santos

*Padronização das referências*: Halyne Porto
*Implante e emendas da revisão técnica*: Debora Spanamberg Wink
*Diagramação*: Victor Mauricio Bello
*Revisão gráfica*: Lorena Delduca Herédias
*Capa*: WM Design

ISBN 978-85-326-6637-6 (Brasil)
ISBN 978-0-691-22857-0 (Estados Unidos)

Este livro foi composto e impresso pela Editora Vozes Ltda.

# Sumário

# Introdução geral

*Ernst Falzeder*
*Martin Liebscher*
*Sonu Shamdasani*

Entre 1933 e 1941, C.G. Jung palestrou no Instituto Federal Suíço de Tecnologia (ETH), no qual foi nomeado professor titular em 1935. Isso representou uma retomada de sua carreira universitária após um longo hiato, já que pedira demissão do cargo de professor na faculdade de medicina da Universidade de Zurique em 1914. Nesse período intermediário, a atividade docente de Jung consistiu principalmente em uma série de seminários no Clube de Psicologia de Zurique, que eram restritos a um grupo de membros composto por seus próprios alunos ou seguidores. As palestras no ETH eram abertas e sua plateia formada por alunos da própria instituição, pelo público em geral e seguidores de Jung. O público a cada palestra afluía às centenas: Josef Lang, em uma carta a Hermann Hesse, falou de 600 participantes no fim de 1933 (Hesse, 2006, p. 299), Jung contou quatrocentos em outubro de 1935 (Jung, 1977, p. 87). Kurt Binswanger (comunicação pessoal)[1], que assistiu às palestras, lembrava-se que as pessoas muitas vezes não encontravam assento e que os ouvintes "eram de todas as idades e de todas as classes sociais: estudantes [...]; indivíduos de meia-idade; bem

---

1. Entrevista com Gene Nameche [Countway Library of Medicine, Boston], p. 6.

como muitos idosos; muitas senhoras que já haviam estado em análise com Jung". O próprio Jung atribuiu tamanho sucesso à novidade de suas palestras e esperava um declínio gradual nos números: "Devido à grande plateia, minhas palestras têm que ser realizadas no *auditorium maximum*. É sem dúvida sua natureza sensacional que fascina as pessoas para que venham. Assim que perceberem que essas palestras tratam de assuntos sérios, os números se tornarão mais modestos".

Devido a esse contexto, a linguagem das palestras é muito mais acessível do que as obras publicadas de Jung neste período. Binswanger também observou que "Jung preparou cada uma dessas apresentações com extremo cuidado. Após as palestras, uma parte da plateia sempre permanecia para fazer perguntas, numa atmosfera totalmente natural e descontraída. Também era simpático o fato de Jung nunca aparecer apenas no último minuto, como faziam tantos outros palestrantes. Ele, ao contrário, já estava presente antes da palestra, acomodado em um dos bancos do corredor; e as pessoas podiam sentar-se com ele. Ele era comunicativo e aberto"[2].

As palestras geralmente aconteciam às sextas-feiras, entre 18 e 19h. O público era formado por alunos regulares de disciplinas técnicas, que deveriam cursar matérias complementares da área das ciências humanas. Mas, como era possível se inscrever como ouvinte, muitos dos que tinham ido a Zurique para estudar com Jung ou fazer terapia assistiam às palestras como uma introdução à Psicologia Analítica. Jung também realizou seminários no ETH com número restrito de participantes, nos quais aprofundava os tópicos das palestras. Ao longo dos oito anos delas – que só foram interrompidas em 1937, quando Jung viajou para a Índia –, ele cobriu uma ampla gama de te-

---

2. Entrevista com Gene Nameche [Countway Library of Medicine, Boston], p. 6.

mas. Tais palestras estão no centro da atividade intelectual de Jung na década de 1930 e, além disso, fornecem a base de seu trabalho nas décadas de 1940 e 1950. Assim, compõem uma parte essencial da obra de Jung que ainda não recebeu a atenção e o estudo que merece. Os temas que Jung abordou nas palestras no ETH são provavelmente ainda mais significativos para os estudiosos, psicólogos, psicoterapeutas e o público em geral de hoje do que eram quando foram apresentados pela primeira vez. Com o passar dos anos, houve um crescente interesse pelo pensamento oriental, o hermetismo ocidental e as tradições místicas, a ascensão da teoria dos tipos psicológicos e o movimento de interpretação dos sonhos, e o nascimento da disciplina de história da psicologia.

## CONTEÚDO DAS PALESTRAS

### *Volume 1:* História da psicologia moderna *(semestre de inverno de 1933/1934)*

O primeiro semestre, de 20 de outubro de 1933 a 23 de fevereiro de 1934, consiste em dezesseis palestras sobre o que Jung chamou de história da "psicologia moderna", em que se referiu à psicologia como "uma ciência consciente", não aquela que projeta a psique nas estrelas ou em processos alquímicos, por exemplo. Seu relato tem início no alvorecer do Iluminismo e apresenta um estudo comparativo dos movimentos do pensamento francês, alemão e britânico. Jung colocou particular ênfase no desenvolvimento dos conceitos do inconsciente no Idealismo alemão do século XIX. Voltando-se para a Inglaterra e a França, traçou o despontar da tradição empírica e da pesquisa psicofísica, e como estas, por sua vez, foram retomadas na Alemanha e levaram ao surgimento da psicologia experimental. Ele reconstruiu o avanço da psicologia científica na França e nos Estados Unidos. Então, discorreu sobre a importância do espiritualismo e da pesquisa psíquica no nascimento da psicologia, conferindo especial atenção ao trabalho de Justinus Kerner e Théodore Flournoy. Jung dedicou cinco palestras a um estudo detalhado de *A vidente de Prevorst* (Kerner, 1829) e duas palestras a um estudo igualmente detalhado de *Da Índia ao Planeta Marte* (Flournoy, 1990 [1899]). Essas obras tiveram inicialmente um impacto considerável em Jung. Além de elucidar seu significado histórico, sua consideração sobre elas nos permite compreender o papel que a leitura desses materiais desempenhou em seus primeiros trabalhos. Excepcionalmente, nesta seção Jung evitou uma abordagem convencional da história das ideias e deu especial ênfase ao papel dos pacientes e sujeitos na constituição da psicologia. Ao longo de sua leitura dessas obras, Jung desenvolveu uma taxonomia detalhada do âmbito da consciência humana, que apresentou em uma série de diagramas. Ele então expôs uma série adicional de estudos de caso ilustrativos de indivíduos históricos em termos desse modelo: Nicolaude Flüe, Goethe, Nietzsche, Freud, John D. Rockefeller e o "chamado homem normal".

Dos principais vultos da psicologia do século XX, Jung foi indiscutivelmente o de espírito mais histórico e filosófico. Essas palestras têm, portanto, um duplo valor. Por um lado, apresentam uma contribuição seminal para a história da psicologia e, portanto, para a atual historiografia da psicologia. Por outro lado, é evidente que os desenvolvimentos que Jung reconstruiu teleologicamente culminam em sua própria "psicologia complexa" (como Jung preferia designar seu trabalho), e assim apresentam sua própria compreensão do surgimento [dessa psicologia]. Este relato fornece uma correção crítica às interpretações freudocêntricas predominantes sobre o desenvolvimento da obra de Jung, que já estavam em circulação nessa época. A taxonomia detalhada da consciência que ele expôs na segunda parte deste semestre não foi documentada em nenhum de seus trabalhos publicados. Ao apresentá-la, Jung observou que as dificuldades que encontrara com seu projeto de tipologia psicológica o levaram a empreendê-la. Assim, essas palestras apresentam aspectos críticos do pensamento maduro de Jung que não estão disponíveis em outros lugares.

## Volume 2: Consciência e o Inconsciente (semestre de verão de 1934)

Este volume apresenta doze palestras de 20 de abril de 1934 a 13 de julho de 1934. Jung começou com palestras sobre o *status* problemático da psicologia e tentou oferecer uma explicação de como as várias percepções da psicologia ao longo de sua história, que ele havia apresentado no primeiro semestre, tinham sido geradas. Isso o levou a expor as diferenças nacionais de ideias e perspectivas e a refletir sobre as diferentes características e dificuldades das línguas inglesa, francesa e alemã quando se tratava de expressar materiais psicológicos. Refletir sobre o significado da ambiguidade linguística levou Jung a relatar o *status* do conceito de inconsciente, que ilustrou com vários casos. Seguindo essas reflexões gerais, apresentou sua concepção das funções e tipos psicológicos, ilustrada por exemplos práticos de sua interação. Então, expôs seu conceito de inconsciente coletivo. Preenchendo uma lacuna em suas exposições anteriores, forneceu um mapa detalhado da diferenciação e estratificação de seus conteúdos, em particular no que diz respeito às diferenças culturais e "raciais". Jung, em seguida, passou a descrever métodos para tornar acessíveis os conteúdos do inconsciente: o experimento de associação, o método psicogalvânico e a análise dos sonhos. Em sua exposição de tais métodos, Jung revisou seu trabalho anterior à luz de sua compreensão atual. Em particular, ofereceu um relato detalhado de como a análise das associações nas famílias permitiu estudar a estrutura psíquica dessas famílias e o funcionamento dos complexos. O semestre terminou com uma visão geral do tópico sonhos e o estudo de vários sonhos.

Com base em sua reconstrução da história da psicologia, Jung então dedicou o restante deste semestre e os seguintes a uma exposição de sua "psicologia complexa". Como nos demais semestres, Jung viu-se diante de um público leigo, contexto que lhe proporcionou a oportunidade única de apresentar um relato completo e amplamente acessível de seu trabalho, já que não poderia pressupor conhecimentos prévios de psicologia. Desta forma, encontramos aqui a introdução mais detalhada – e talvez a mais acessível – à sua própria teoria. Não é de modo algum, entretanto, uma mera introdução ao trabalho anterior, mas uma reformulação em grande escala de seus primeiros trabalhos em termos de sua compreensão naquele momento, e apresenta modelos da personalidade que não podem ser encontrados em nenhum outro lugar em sua obra. Assim, este volume representa a exposição mais atualizada de Jung sobre sua teoria dos complexos, experimentos de associação, compreensão dos sonhos, estrutura da personalidade e natureza da psicologia.

### Volume 3: Psicologia moderna e sonhos *(semestre de inverno de 1934/1935 e semestre de verão de 1935)*

O terceiro volume apresenta palestras de dois semestres consecutivos: dezessete palestras de 26 de outubro de 1934 a 8 de março de 1935 e onze palestras de 3 de maio de 1935 a 12 de julho de 1935, aqui reunidas em um volume, pois todas tratam principalmente de métodos possíveis para acessar e tentar determinar o conteúdo do inconsciente. Jung começa com uma descrição detalhada da teoria e do método de análise dos sonhos de Freud e, em menor grau, de Adler, e então prossegue para seus próprios pontos de vista (os sonhos são "pura natureza" e têm caráter complementar/compensatório) e técnica (contexto, amplificação). Ele se concentra particularmente em três curtas séries de sonhos: a primeira, do ganhador do Prêmio Nobel Wolfgang Pauli, a segunda, de um jovem homossexual, e a terceira, de uma pessoa psicótica, usando-as para descrever e interpretar simbolismos especiais. No semestre seguinte, ele conclui a discussão sobre o mecanismo, a função e o uso dos sonhos como método para nos esclarecer e fazer conhecer o inconsciente e depois chama a atenção para os "paralelos orientais", como a ioga, alertando contra seu uso indiscriminado pelos ocidentais. Em vez disso, dedica o restante do semestre a um exemplo detalhado de "imaginação ativa", ou "fantasiar ativo", como ele chama aqui, com a ajuda do caso de uma senhora americana de cinquenta e cinco anos, o mesmo que ele discutiu longamente no seminário alemão de 1931.

Este volume fornece uma descrição detalhada da compreensão de Jung sobre as teorias dos sonhos de Freud e Adler, lançando uma luz interessante sobre os pontos com os quais concordava e dos quais divergia, e como ele desenvolveu sua própria teoria e método em contraste com eles. Como tinha aguda consciência de estar falando para um público leigo, Jung procurou manter-se em um nível o mais básico possível – o que também é de grande ajuda para o leitor contemporâneo não especializado. Isso também é verdade para seu método de imaginação ativa, demonstrado em um longo exemplo. Embora ele tenha usado material também apresentado em outros lugares, a exposição em questão é altamente interessante precisamente porque é feita sob medida para um público leigo bastante variado e difere das apresentações para participantes escolhidos a dedo em seus seminários "privados" ou em livros especializados.

**Volume 4: Tipologia psicológica (semestre de inverno de 1935/1936 e semestre de verão de 1936)**

O quarto volume também combina palestras de dois semestres: quinze palestras de 25 de outubro de 1935 a 6 de março de 1936 e treze palestras de 1º de maio de 1936 a 10 de julho de 1936. O semestre de inverno dá uma introdução geral à história das tipologias e à tipologia na história intelectual e religiosa, da Antiguidade ao gnosticismo e cristianismo, da filosofia chinesa (*yin/yang*) à religião e filosofia persas (Arimã/Lúcifer), da Revolução Francesa ("déesse Raison") às *Cartas sobre a educação estética do homem*, de Schiller. Jung apresenta e descreve em detalhes as duas atitudes (introversão e extroversão) e as quatro funções (pensamento e sentimento como funções racionais, sensação e intuição como funções irracionais). No semestre de verão, ele se concentra na interação entre as atitudes e as várias funções, detalhando as combinações possíveis (sentimento, pensamento, sensação e intuição extrovertidos e introvertidos) com a ajuda de muitos exemplos.

O volume oferece uma excelente introdução de primeira mão à tipologia de Jung e é *a* alternativa para os leitores contemporâneos que buscam um texto básico, mas autêntico, em vez de obra-prima *Tipos Psicológicos*, que, por assim dizer, esconde a Bela Adormecida por trás de uma espessa muralha de arbustos espinhosos, ou seja, suas mais de 400 páginas de "introdução", somente depois das quais Jung aborda sua tipologia propriamente dita. Como nos volumes anteriores, os leitores se beneficiarão do fato de Jung ter sido compelido a dar uma introdução básica e uma visão geral de seus pontos de vista.

**Volume 5: Psicologia do inconsciente *(semestre de verão de 1937 e semestre de verão de 1938)***

Jung dedicou suas palestras do verão de 1937 (23 de abril a 9 de julho; onze palestras) e do verão de 1938 (29 de abril a 8 de julho; dez palestras) à psicologia do inconsciente. A compreensão da dependência sociológica e histórica da psique e da relatividade da consciência forma a base para familiarizar o público com diferentes manifestações do inconsciente relacionadas a estados hipnóticos e criptomnésia, afetos e motivações inconscientes, memória e esquecimento. Jung mostra as formas normais e patológicas de invasões de conteúdos inconscientes na consciência e delineia as metodologias para trazer à superfície o material inconsciente. Isso inclui métodos como o experimento de associação, análise de sonhos, imaginação ativa, bem como diferentes formas de expressão criativa, mas também ferramentas divinatórias antigas, incluindo astrologia e *IChing*. O semestre de verão de 1938 voltou à série de sonhos do jovem homossexual discutido em detalhes nas palestras de 1935, desta vez destacando o método de Jung de interpretação de sonhos em nível individual e simbólico.

Jung ilustra suas palestras com vários diagramas e casos clínicos para torná-las mais acessíveis a não psicólogos. Em alguns casos, as palestras fornecem bem-vindas informações adicionais a artigos publicados, uma vez que Jung não era obrigado a restringir seu material a um espaço limitado. Por exemplo, Jung explicou melhor o famoso caso da chamada paciente da lua, tão importante para sua compreensão da realidade psíquica e da psicose, ou fez uma introdução muito pessoal ao uso do *IChing*. As palestras também lançam uma nova luz histórica sobre suas viagens à África, à Índia e ao Novo México e sobre sua abordagem quanto à psicologia, à filosofia e à literatura.

**Volume 6:** Psicologia da ioga e meditação *(semestre de inverno de 1938/1939 e semestre de verão de 1939; além das duas primeiras palestras do semestre de inverno de 1940/1941)*

A série de palestras do semestre de inverno de 1938/1939 (28 de outubro a 3 de março; quinze palestras) e a primeira metade do semestre de verão de 1939 (28 de abril a 9 de junho; seis palestras) trata da espiritualidade oriental. Partindo do conceito psicológico de imaginação ativa, Jung procura encontrar paralelos nas práticas meditativas orientais. Seu foco é direcionado à meditação ensinada por diferentes tradições iogues e na prática budista. Os textos para a interpretação de Jung são os *Yoga Sûtra* de Patañjali, de acordo com a última pesquisa escrita por volta de 400 d.C. (Mass, 2006) e considerados uma das fontes mais importantes para o nosso conhecimento de ioga hoje, o *Amitâyur-Dhyâna-Sûtra* da tradição budista chinesa Terra Pura, traduzido do sânscrito para o chinês por Kâlayasas em 424 d.C. (Müller, 1894, pp. xx-xxi), e o *Shrî-chakra-sambhâra Tantra*, um manuscrito relacionado à ioga tântrica, traduzido e publicado em inglês por Arthur Avalon (Sir John Woodroffe) em 1919 (Avalon, 1919).

Em nenhum outro lugar nas obras de Jung é possível encontrar interpretações psicológicas tão detalhadas desses três textos espirituais. Em termos de sua importância para a compreensão da visão de Jung sobre o misticismo oriental, as palestras de 1938/39 só podem ser comparadas à sua leitura de *O segredo da flor de ouro* ou aos seminários sobre ioga kundalini.

No semestre de inverno de 1940/41, Jung resume os argumentos de suas palestras sobre meditação oriental. O resumo é publicado como um adendo no fim do volume.

**Volume 7:** Exercícios espirituais de Inácio de Loyola *(semestre de verão de 1939 e semestre de inverno de 1939/1940; além disso: palestra 3, semestre de inverno de 1940/1941)*

A segunda metade do semestre de verão de 1939 (16 de junho a 7 de julho; quatro palestras) e o semestre de inverno de 1939/40 (3 de outubro a 8 de março; dezesseis palestras) foram dedicados aos *Exercitia Spiritualia,* de Inácio de Loyola (1996 [1522-1524]), o fundador e primeiro superior geral da Companhia de Jesus (jesuítas). Cavaleiro e soldado, Inácio foi ferido na batalha de Pamplona (1521), na sequência da qual experimentou uma conversão espiritual. Posteriormente, renunciou à sua vida mundana e se dedicou ao serviço de Deus. Em março de 1522, a Virgem Maria e o menino Jesus apareceram a ele no santuário de Montserrat, o que o levou a procurar a solidão em uma caverna perto de Manresa. Lá, rezava sete horas por dia e escrevia suas experiências para que outros as seguissem. Esta coleção de orações, meditações e exercícios mentais constituíram a base dos *Exercitia Spiritualia* (1522-1524). No texto, Jung viu o equivalente à prática meditativa da tradição espiritual oriental. Ele oferece uma leitura psicológica da obra, comparando-a com a compreensão jesuíta moderna de teólogos como Erich Przywara.

As considerações de Jung sobre os *Exercitia Spiritualia* seguem as palestras sobre meditação oriental do ano anterior. Em nenhuma parte dos escritos de Jung se encontra uma comparação igualmente intensa entre o espiritualismo oriental e o ocidental. A sua abordagem corresponde ao objetivo da conferência anual de Eranos, ou seja, abrir um diálogo entre o Oriente e o Ocidente. As observações críticas de Jung sobre a adoção do misticismo oriental pelos europeus modernos e sua sugestão para que estes voltem às suas próprias tradições são esclarecidas por essas palestras.

No semestre do inverno de 1940/1941, Jung dedicou a terceira palestra a um resumo das anteriores sobre os *Exercitia Spiritualia*. Este resumo é adicionado como um adendo ao volume 7.

**Volume 8: A psicologia da alquimia *(semestre de inverno de 1940/1941 e semestre de verão de 1941)***

As palestras do semestre de inverno de 1940/41 (da palestra 4 em diante; 29 de novembro a 28 de fevereiro; doze palestras) e do semestre de verão de 1941 (2 de maio a 11 de julho; onze palestras) fornecem uma introdução à compreensão psicológica de Jung sobre a alquimia. Ele explicou a teoria da alquimia, delineou os conceitos básicos e fez uma explanação sobre a pesquisa psicológica na alquimia. Mostrou a relevância da alquimia para a compreensão do processo psicológico de individuação. Os textos alquímicos sobre os quais Jung falou incluíram, ao lado de exemplos famosos como a *Tabula Smaragdina* e o *Rosarium Philosophorum*, muitos tratados alquímicos menos conhecidos.

As palestras sobre alquimia foram a pedra angular no desenvolvimento da teoria psicológica de Jung. Suas conferências de Eranos de 1935 e 1936 versaram sobre o significado psicológico da alquimia e mais tarde foram fundidas em *Psicologia e Alquimia* (1944). As palestras no ETH a respeito do tema destacam a maneira como as ideias de Jung sobre a alquimia se desenvolveram ao longo daqueles anos. Como introdução à alquimia, fornecem uma ferramenta indispensável para se entender a complexidade de suas últimas obras, como o *Mysterium Coniunctionis*.

# Referências

Avalon, A. [Sir John Woodroffe] (Ed.). (1919). *Shrî-chakra-sambhara* Tantra. Luzac; Thacker, Spink.

Flournoy, T. (1900 [1899]). *Des Indes à la planète Mars: Étude sur un cas de sonambulismo com glossolalie.* F. Alcan; C. Eggimann.

Flournoy, T. (1994). *From India to planet Mars: A case of multiple personality with imaginary languages.* Princeton University Press.

Hesse, H. (2006 [1916-1944]). *"Die dunkle und wilde Seite der Seele": Briefwechsel mit seinem psychoanalytiker Josef Bernhard Lang 1916–1944.* (T. Feitknecht, ed.). Suhrkamp.

Inácio de Loyola (1996 [1522-1524]). The spiritual exercises. In *Personal writings: Reminiscences, spiritual diary, selected letters including the text of the spiritual exercises* (pp. 281-328). Penguin.

Jung, C.G. (1996). *The psychology of kundalini yoga: Notes of the seminar given in 1932 by C. G. Jung* (S. Shamdasani, ed.). Princeton University Press. [trad. Jung, 2022]

Jung, C.G. (2022). *A psicologia da ioga kundalini: Notas do seminário realizado em 1932 por C. G. Jung* (S. Shamdasani, ed.). Editora Vozes.

Kerner, J. A. C. (2011). *The seeress of Prevorst: Being revelations concerning the inner-life of man, and the inter-diffusion of a world of spirits in the one we habit.* Cambridge University Press.

Kerner, J. A. C. (2012). *Die seherin von Prevorst: Eröffnungen* über *das innere leben und* über *das hineinragen einer geisterwelt in die unsere.* (Trabalho original publicado em 1829).

Maas, P. A. (2006). *Samâdhipâda: Das erste kapitel des pâtañjalayogaśâstra zum ersten mal kritisch ediert.* Shaker.

Müller, M. (1894). Introduction to Buddhist Mahâyâna texts. In M. Müller (Ed.), *The sacred books of the East* (Vol. 49). Clarendon.

# Diretrizes editoriais

Com exceção de algumas notas preparatórias, não há nenhum texto escrito por Jung nesta obra. O presente material foi reconstruído pelos editores por meio de diversos registros de participantes das palestras. Através do uso de taquigrafia, as anotações tomadas por Eduard Sidler, um engenheiro suíço, e Rivkah Schärf – que mais tarde se tornou uma conhecida historiadora das religiões, psicoterapeuta e colaboradora de Jung – fornecem uma primeira base bastante precisa para a compilação das palestras. (O método de taquigrafia usado está desatualizado e teve que ser transcrito por especialistas da área.)

Juntamente com os escritos recém-descobertos de Otto Karthaus, que fez carreira como um dos primeiros conselheiros vocacionais científicos na Suíça, Bertha Bleuler, e Lucie Stutz-Meyer, professora de ginástica da família Jung, essas anotações nos permitem não apenas recuperar acesso ao conteúdo das palestras ministradas oralmente pelo fundador da psicologia analítica, mas também sentir o fascínio do público pelo orador Jung.

Existe também um conjunto de notas em inglês mimeografadas que foram publicadas de maneira privada e circularam em número limitado. Elas foram editadas e traduzidas por um grupo de falantes da língua inglesa em Zurique encabeçado por Barbara Hannah e Elizabeth Welsh e constituem mais um resumo do que uma tentativa de reprodução literal do conteúdo das palestras. Em relação aos primeiros anos, a edição de Hannah se baseou apenas nas notas de Marie-Jeanne Schmid, a secretária de Jung na época; para as palestras posteriores, as anotações de Rivkah Schärf forneceram a única fonte para a maior parte do texto. A edição foi difundida em impressões privadas de 1938 a 1968.

A edição de Hannah se desvia do texto falado original de Jung conforme registrado nos outros apontamentos. Hannah e Welsh declararam em sua "Nota introdutória" que sua compilação "não pretende ser uma reprodução textual nem uma tradução literal". Hannah estava interessada principalmente na criação de um texto legível e coerente e não se esquivou de acrescentar ou omitir passagens para esse fim. Como sua edição foi baseada apenas em um conjunto de notas, ela não conseguiu corrigir trechos em que Schmid ou Schärf registraram o texto de Jung de forma errada. Mas como Hannah contava com a vantagem de conversar pessoalmente com Jung, quando não tinha certeza sobre o conteúdo de uma determinada passagem, sua compilação em inglês às vezes é útil para fornecer informações adicionais aos leitores de nossa edição.

Diferente de uma edição crítica, esta não se destina a fornecer as diferentes variações em um aparato crítico separado. Se tivéssemos listado fielmente todas as variações menores ou maiores nos registros, o texto teria se tornado virtualmente ilegível e, assim, teria perdido a acessibilidade que é a marca registrada da apresentação de Jung. Na maior parte, no entanto, podemos ter razoável certeza de que a compilação reflete com precisão o que Jung disse, embora ele possa ter usado palavras ou formulações diferentes. Além disso, em várias passagens-chave foi possível reconstruir o conteúdo literal como, por exemplo, quando diferentes anotadores identificaram certas passagens como citações diretas. As variações muitas vezes não agregam conteúdo e inteligibilidade e em muitos casos têm origem em erros ou na falta de compreensão por parte do participante que faz a anotação. Em sua compilação, os editores trabalharam de acordo com o princípio de que o máximo possível de informação deve ser extraído dos manuscritos. Se houver contradições óbvias que não possam ser decididas pelo editor, ou, como pode ser o caso, erros claros por parte de Jung ou do ouvinte, isso será esclarecido pela anotação do editor.

Dos anotadores, Eduard Sidler, cuja formação era em engenharia, tinha o menor entendimento da psicologia junguiana no início, embora naturalmente tenha se tornado mais familiarizado com ela ao longo do tempo. De qualquer forma, ele tentou registrar o mais fielmente que pôde, fazendo as anotações mais detalhadas dentre todas. Às vezes, porém, ele não conseguia mais acompanhar ou visivelmente entendia mal o que era dito. Por outro lado, temos a versão de Welsh e Hannah, que em si já constitui uma compilação, obviamente muito editada, mas que é (pelo menos nos primeiros semestres) o manuscrito mais coerente, além de também conter coisas que faltam em outras notas. Além disso, elas afirmam que "o próprio Prof. Jung [...] teve a gentileza de nos ajudar com certas passagens", embora não saibamos quais são. Ademais, ao longo dos anos, e também em palestras individuais, a qualidade, precisão e confiabilidade dos registros dos diferentes anotadores variam, como é natural. Em suma, o melhor que podemos fazer é tentar encontrar uma aproximação do que Jung realmente disse. Em essência, a escolha de como reunir essas anotações sempre será arbitrária, na ausência de qualquer medida objetiva.

Assim, é impossível estabelecer princípios editoriais exatos para cada situação, de modo que editores diferentes inevitavelmente chegassem exatamente às mesmas formulações. Só pudemos aderir a algumas diretrizes gerais, como "Interferir o mínimo possível e o quanto for necessário" ou "Tente estabelecer qual a coisa mais provável que Jung poderia ter dito, com base em todas as fontes disponíveis" (incluindo a *Obra completa*, obras autobiográficas ou entrevistas, outros seminários etc.). Se duas transcrições coincidirem e a terceira for diferente, geralmente é seguro optar pelas duas primeiras. Em alguns casos, no entanto, fica claro pelo contexto que as duas estão erradas e a terceira está correta. Ou, se as três não estiverem claras, às vezes é possível "limpar" o texto recorrendo à literatura; por exemplo, quando Jung resume a história de Kerner, *A vidente de Prevorst*. Como acontece com todos os trabalhos acadêmicos desse tipo, não há uma receita explícita que forneça os mínimos detalhes: é preciso confiar em seu julgamento acadêmico.

Essas dificuldades não dizem respeito apenas à apuração do texto das palestras de Jung no ETH, mas também às notas de seus seminários em geral, muitos dos quais já foram publicados sem abordar esse problema. Por exemplo, a introdução ao *Seminários sobre análise de sonhos* menciona o número de pessoas envolvidas na preparação das notas, mas não há relato sobre a forma como trabalharam ou como apuraram o texto (Jung, 1984, pp. x-xi). Algumas notas manuscritas na biblioteca do Clube de Psicologia Analítica em Los Angeles indicam que a compilação das anotações envolveu um significativo "processamento em comitê". A este respeito, é interessante comparar a estrutura das frases do *Seminários sobre análise de sonhos* com o seminário de 1925, que foi conferido por Jung. Em 19 de outubro de 1925, Jung escreveu a Cary Baynes, depois de verificar as anotações da psicóloga e tradutora e reconhecer sua contribuição literária: "Trabalhei fielmente nas anotações, como você verá. Acho que elas como um todo são muito precisas. Certas palestras são até fluentes, ou seja, aquelas em que você não pôde impedir sua libido de entrar" (arquivo pessoal de Cary Baynes, Contemporary Medical Archives, Wellcome Library, Londres).

Nossa situação específica parece ser um problema de "abundância", por assim dizer, porque temos várias transcrições, o que muitas vezes não acontecia em outros seminários. Temos também a desvantagem de não podermos mais perguntar ao próprio Jung, como, por exemplo, Cary Baynes, Barbara Hannah, Marie-Jeanne Schmid ou Mary Foote podiam fazer. Só podemos trabalhar da melhor maneira possível e advertir o leitor de que não há garantia de que isto seja "textualmente Jung", embora tenhamos tentado chegar o mais próximo possível do que ele realmente disse.

# Nota editorial para este volume

O texto das palestras a seguir é uma reconstrução, baseada nas notas taquigráficas originais de Eduard Sidler e Rivkah Kluger-Schärf, que ambos escreveram em alemão, bem como na compilação de Barbara Hannah em inglês (Hannah, 1959 [= Hannah])[3], sobre a qual ela comenta em seu prefácio: "Elizabeth Welsh, Una Thomas e eu registramos [as palestras] com o máximo de nossa capacidade em inglês [...] Tínhamos nossas próprias notas para trabalhar, e o apoio dos estenogramas alemães de Frau Dra. Marie-Jeanne Boller-Schmid e Frau Dra. Riwkah Kluger-Schärf" (Hannah, p. 7; as notas originais de Schmid para este volume não existem mais e não puderam ser usadas para fins de comparação). Hannah também observa que "nenhuma de [suas] edições foi revisada pelo próprio Prof. Jung" (Hannah, p. 7), embora "ele tenha tido a gentileza de nos ajudar com certas passagens" (Hannah, p. 6).

Posto que o texto de Hannah tenha como objetivo "fornecer um esboço claro do conteúdo principal de cada palestra", ele "não pretende ser uma reprodução textual nem uma tradução literal" (Hannah, p. 6). O processo de condensação – e também de tradução – às vezes perde nuances, pontos mais sutis ou digressões de Jung. Em geral, as notas alemãs, especialmente as de Sidler, são mais detalhadas e procuram seguir a

---

3. As notas foram impressas de forma privada e "destinadas estritamente ao uso particular" (p. 7). Elas serão citadas daqui em diante simplesmente como "Hannah, [número da página]".

palavra falada o mais próximo possível. Em alguns casos, Sidler e Schärf até colocaram frases entre aspas para indicar que essas eram realmente as palavras de Jung. Por outro lado, no entanto, elas também são às vezes incompletas ou fragmentadas – por exemplo, quando eles não conseguiram acompanhar o ritmo ou claramente não compreenderam/ouviram mal Jung – ou mesmo faltantes. Nesses casos, tive que recorrer à versão de Hannah e, sempre que se trata de um ponto mais significativo, ou de uma passagem um pouco mais longa, isso é indicado em nota de rodapé.

Agradeço a Sonu Shamdasani, Martin Liebscher e Chris Wagner pelo contínuo intercâmbio colegiado e auxílio. Obrigado a Thomas Fischer por seu apoio do começo ao fim e por sua ajuda em pontos específicos. Agradecimentos especiais são devidos a Ulrich Hoerni, que, com seu conhecimento íntimo das anotações das palestras desde sua redescoberta e da específica variante suíça do alto-alemão que Jung falava, revisou o manuscrito alemão com um pente muito fino e fez várias sugestões valiosas.

*Ernst Falzeder*

# Agradecimentos

A preparação dessas palestras para publicação, a partir de milhares de páginas de notas dos ouvintes, teve uma longa gestação. Como um quebra-cabeça complexo montado por inúmeras mãos ao longo de muitos anos, este trabalho não teria sido possível sem as contribuições de várias pessoas, às quais são devidos agradecimentos. A Fundação Philemon, sob seus ex-presidentes Steve Martin, Judith Harris e Richard Skues, ex-copresidente Nancy Furlotti e atual presidente, Caterina Vezzoli, é responsável por este projeto desde 2004. Sem as contribuições de seus doadores, nada do trabalho editorial teria sido possível ou concretizado. De 2012 a 2020, o Projeto foi apoiado por Judith Harris na UCL. De 2004 a 2011, o Projeto foi apoiado principalmente por Carolyn Fay, o Centro Educacional C.G. Jung de Houston, a Fundação MSST e a Furlotti Family Foundation. O projeto também foi apoiado por bolsas de pesquisa da Associação Internacional de Psicologia Analítica em 2006, 2007, 2008 e 2009.

Este projeto de publicação foi iniciado pela antiga Sociedade dos Herdeiros de C. G. Jung (agora Fundação das Obras de C.G. Jung), entre 1993 e 1998. Desde o início, Ulrich Hoerni esteve envolvido em quase todas as fases do projeto, apoiado ativamente entre 1993 e 1998 por Peter Jung. O comitê executivo da Sociedade dos Herdeiros de C.G. Jung liberou os textos para publicação. No ETH de Zurique, o ex-responsável pelos arquivos, Beat Glaus, disponibilizou registros e supervisionou as transcrições. Ida Baumgartner e Silvia

Bandel transcreveram notas taquigráficas das palestras; C. A. Meier forneceu informações gerais sobre as palestras; Marie-Louise von Franz forneceu informações sobre a edição dos textos de Barbara Hannah; Helga Egner e Sonu Shamdasani deram orientação editorial; nos Arquivos da Família Jung, Franz Jung e Andreas Jung disponibilizaram textos e materiais relacionados; nos Arquivos do Clube Psicológico, o ex-presidente, Alfred Ribi, e a bibliotecária, Gudrun Seel, disponibilizaram apontamentos das palestras; e Sonu Shamdasani encontrou anotações feitas por Lucie Stutz-Meyer. Rolf Auf der Maur e Leo La Rosa prestaram assessoria jurídica e administraram contratos.

Em 2004, a Fundação Philemon assumiu o projeto em colaboração com a Sociedade dos Herdeiros de C.G. Jung e, desde 2007, com sua organização sucessora, a Fundação das Obras de C.G. Jung e os Arquivos do ETH de Zurique. Na Fundação das Obras de C.G. Jung, Ulrich Hoerni, antigo presidente e diretor executivo, Daniel Niehus, presidente, e Thomas Fischer, diretor executivo, supervisionaram o projeto, e Ulrich Hoerni, Thomas Fischer e Bettina Kaufmann, assistente editorial, revisaram o manuscrito. Desde 2007, Peter Fritz da Agência Paul & Peter Fritz é responsável pela gestão de contratos. Nos Arquivos do ETH de Zurique, Rudolf Mumenthaler e Michael Gasser, ex-diretores, Christian Huber, diretor, e Yvonne Voegeli disponibilizaram textos e documentos relacionados. Nomi Kluger-Nash forneceu notas taquigráficas de Rivkah Schärf de algumas das palestras, que foram então transcritas por Silvia Bandel. Steve Martin forneceu notas taquigráficas de Bertha Bleuler de algumas das palestras.

O trabalho editorial foi supervisionado por Sonu Shamdasani, editor geral da Fundação Philemon. Entre 2004 e 2011, a fase preparatória da compilação dos textos e do trabalho editorial foi realizada por Angela Graf-Nold. A partir de 2012, a compilação e o trabalho editorial foram realizados por Ernst Falzeder, Martin Liebscher e (desde dezembro de 2018) Christopher Wagner no Health Humanities Centre e no departamento de alemão da UCL.

O editor deste volume, Ernst Falzeder, gostaria de expressar sua profunda gratidão à diretoria da Fundação Philemon e, em particular, a Judith Harris por seu apoio inestimável ao longo do trabalho neste projeto; a Sonu Shamdasani, Martin Liebscher e Chris Wagner da UCL pela excepcional colaboração, orientação e ajuda; a Ulrich Hoerni e Thomas Fischer da Fundação das Obras de C. G. Jung; à equipe da Princeton University Press, em particular Fred Appel, Karen Carter e Jay Boggis; aos integrantes do grupo Phanês; à comunidade do fórum de tradutores em https://dict.leo.org/englisch-deutsch/; e a um grande número de amigos, parentes e simpatizantes ao longo dos anos, numerosos demais para serem mencionados aqui, em particular Eva Eckmair, Eva Erhart, Florian Falzeder, Gemmo Kosumi, Gerhard Laber, Martin Liebscher, Tommaso Priviero, Christian Schacht, Sonu Shamdasani, e Hale Usak. Agradecimentos especiais a Marina Leitner − como não poderia deixar de ser.

# Cronologia 1933-1941

## Compilada por Ernst Falzeder, Martin Liebscher e Sonu Shamdasani

| Data | Eventos na carreira de Jung | Eventos mundiais |
|------|------------------------------|-------------------|
| | 1933 | |
| Janeiro | Jung continua seu seminário em inglês sobre as visões de Christiana Morgan, nas manhãs de quarta-feira. | |
| 30 de janeiro | | Na Alemanha, Hitler é nomeado chanceler do Reich pelo presidente Paul von Hindenburg. |
| Fevereiro | Jung faz palestras na Alemanha (Colônia e Essen) sobre "A importância da psicologia para a época atual" (OC 10/3). | |
| 27 de fevereiro | | Incêndio do Reichstag em Berlim. O incêndio, possivelmente uma "operação de bandeira falsa", foi usado como evidência pelos nazistas de que os comunistas estavam conspirando contra o governo alemão, e o evento é visto como fundamental no estabelecimento da Alemanha nazista. Muitas prisões de esquerdistas. Em 28 de fevereiro, os direitos básicos mais importantes da República de Weimar foram suspensos. |
| 4 de março | | "Autodissolução" do parlamento austríaco e regime autoritário do chanceler Engelbert Dollfuss. |

(*continua*)

| Data | Eventos na carreira de Jung | Eventos mundiais |
| --- | --- | --- |
| 5 de março | | Nas eleições federais alemãs, os Nacional-socialistas tornam-se o partido mais forte com 43,9% dos votos. |
| 13 de março a 6 de abril | Jung aceita o convite de Hans Eduard Fierz para acompanhá-lo em um cruzeiro pelo Mediterrâneo, incluindo uma visita à Palestina. | |
| 18/19 de março | Atenas. Visita ao Partenon e ao teatro de Dionísio. | |
| 23 de março | | O parlamento alemão aprova a *Ermächtigungsgesetz* (Lei de Concessão de Plenos Poderes), segundo a qual o governo tem o poder de promulgar leis sem o consentimento do parlamento ou do presidente do Reich – [isto é, o parlamento se desativou, anulando o próprio poder]. |
| 25 a 27 de março | Jung e Fierz visitam Jerusalém, Belém e o Mar Morto. | |
| 28–31 de março | Egito, com visitas a Gizé e Luxor. | |
| Março a junho | | Franklin D. Roosevelt inicia o New Deal. |
| 1º de abril | | Boicote nacional a lojas judaicas na Alemanha. |
| 5 de abril | Via Corfu e Ragusa o *General von Steuben* aporta em Veneza, de onde Jung e Fierz pegam o trem para Zurique. | |
| 6 de abril | Ernst Kretschmer renuncia à presidência da Sociedade Médica Geral para a Psicoterapia (SMGP) em protesto contra "influências políticas". Jung, como vice-presidente, aceita a presidência interina e o cargo de editor da revista da entidade, a *Zentralblatt für Psychotherapie*. | |

(*continua*)

| Data | Eventos na carreira de Jung | Eventos mundiais |
| --- | --- | --- |
| 7 de abril | | O parlamento alemão aprova uma lei que exclui judeus e dissidentes do serviço público. |
| 22 de abril | | Professores "não arianos" são excluídos de suas organizações profissionais, médicos "não arianos" e "marxistas" perdem seu credenciamento no seguro nacional de saúde. |
| 26 de abril | | Formação da Gestapo. |
| 1º a 10 de maio | | Proibição de sindicatos na Alemanha. |
| 10 de maio | | Queima pública de livros em Berlim e outras cidades, inclusive livros de Freud. |
| 14 de maio | O *Berliner Börsen-Zeitung* publica "Contra a psicanálise" e descreve Jung como o reformador da psicoterapia. | |
| 22 de maio | | Sándor Ferenczi morre em Budapeste. |
| 27 de maio/1º de junho | | O governo alemão impõe a chamada taxa de mil marcos, uma sanção econômica contra a Áustria. Os cidadãos alemães tinham que pagar uma taxa de 1.000 Reichsmark (ou o equivalente a U$ 5.000 em 2015) para entrar na Áustria. |
| 21 de junho | Jung aceita a presidência da SMGP. | |
| 26 de junho | Entrevista com Jung na Rádio Berlim, conduzida por Adolf Weizsäcker. | |
| 26 de junho a 1º de julho | Jung ministra o "Seminário de Berlim", aberto por uma palestra de Heinrich Zimmer em 25 de junho. | |

(*continua*)

| Data | Eventos na carreira de Jung | Eventos mundiais |
|---|---|---|
| 14 de julho | | "Lei de prevenção de doenças hereditárias" na Alemanha, que permite a esterilização compulsória de qualquer cidadão supostamente portador de doenças hereditárias. |
| 14 de julho | | Na Alemanha, todos os partidos, com exceção do NSDAP, são banidos ou se dissolvem. |
| Agosto | Primeira participação de Jung no encontro do Círculo de Eranos em Ascona, onde ministra uma palestra "Sobre o conhecimento empírico do processo de individuação" (com novo título, OC 9/1). | |
| 15 de setembro | Fundação de um novo capítulo alemão da SMGP, cujos estatutos exigem lealdade incondicional a Hitler. Matthias H. Göring, primo de Hermann Göring, é nomeado seu presidente. | |
| 22 de setembro | | Lei sobre a "câmara de cultura do Reich" na Alemanha reforçou a conformidade [Gleichschaltung] da cultura em geral, equivalente a uma proibição profissional de judeus e artistas que produzem arte "degenerada". |
| 7/8 de outubro | Encontro da Academia Suíça de Ciências Médicas em Prangins. Jung apresenta uma contribuição sobre alucinação (OC 18/2). | |
| 20 de outubro | Primeira palestra de Jung sobre "Psicologia Moderna" no ETH. | |
| 5 de dezembro | | Revogação da Lei Seca nos Estados Unidos com a aprovação da Vigésima Primeira Emenda. |

*(continua)*

| Data | Eventos na carreira de Jung | Eventos mundiais |
|---|---|---|
| 10 de dezembro | | Prêmio Nobel de Física para Erwin Schrödinger e Paul A. M. Dirac "pela descoberta de novas formas produtivas da teoria atômica". |
| Dezembro | Jung publica um editorial no *Zentralblatt* da SMGP, no qual contrasta a psicologia "germânica" com a "judaica" (OC 10). A mesma edição contém um manifesto de princípios nazistas de Matthias Göring que, seja por descuido ou de propósito, também aparece na edição internacional, não apenas na alemã, contra a vontade de Jung, que ameaça renunciar à presidência, mas acaba permanecendo. | |

Outras publicações em 1933

- "Um exame da psique do criminoso". OC 18/1
- "Sobre a psicologia". Versão revisada em OC 8
- "Bruder Klaus" OC 11/6
- Prefácio a Esther Harding. *The Way of All Women*. OC 18/2
- Resenha do livro de Gustav Richard Heyer. OC 18/2

| | 1934 | |
|---|---|---|
| 20 de janeiro | | A "Lei sobre a Ordem do Trabalho" e do "Princípio Führer" na economia da Alemanha. |
| 12 a 16 de fevereiro | | Guerra civil na Áustria, resultando na proibição de todos os partidos e organizações social-democratas, prisões em massa e execuções sumárias. |
| 23 de fevereiro | Última palestra de Jung no ETH no semestre do inverno de 1933/34. | |

*(continua)*

| Data | Eventos na carreira de Jung | Eventos mundiais |
| --- | --- | --- |
| 27 de fevereiro | Gustav Bally publica uma carta ao editor em *Neue Zürcher Zeitung* ("Psicoterapia de origem alemã?"), na qual critica fortemente Jung por suas supostas tendências nazistas e visões antissemitas. | |
| Primavera | Início do estudo sério e detalhado da alquimia por Jung, auxiliado por Marie-Louise von Franz. | |
| 13 a 14 de março | Jung publica uma réplica a Bally no *NZZ* ("Atualidades", OC 11/6). | |
| 16 de março | Publicação de B. Cohen, "Is C.G. Jung 'Conformed'?" no *Israelitisches Wochenblatt für die Schweiz.* | |
| 21 de março | Último seminário de Jung sobre as visões de Christiana Morgan. Os participantes optam por continuar os seminários em inglês das quartas-feiras pela manhã, tendo agora por tema o *Zaratustra* de Nietzsche. | |
| Março/ abril | C. G. Jung publica *The reality of the soul:* Applications and advances of modern psychology. Com contribuições de Hugo Rosenthal, Emma Jung e W. Müller Kranefeldt. | |
| Abril | Jung publica "A alma e a morte" (OC 8/2). | |
| Abril | Entrevista com Jung, "o mundo está à beira do renascimento espiritual?" (*Hearst's International-Cosmopolitan*, Nova York). | |
| Meados de abril | Jung publica "A situação atual da psicoterapia" no *Zentralblatt* (OC 10/3). | |

(*continua*)

| Data | Eventos na carreira de Jung | Eventos mundiais |
| --- | --- | --- |
| 20 de abril | Primeira palestra de Jung no ETH no semestre de verão. | |
| 2 de maio | Jung inicia o seminário em inglês sobre o *Zaratustra* de Nietzsche (até 15 de fevereiro de 1939). | |
| 5 de maio | Aula inaugural de Jung no ETH: "Considerações gerais sobre a teoria dos complexos" (OC 8/2). | |
| 10 a 13 de maio | Jung preside o 7º Congresso de Psicoterapia em Bad Nauheim, Alemanha, organizado pela SMGP, e repete sua palestra sobre a Teoria dos Complexos. Fundação de uma sociedade internacional guarda-chuva, a IGMSP, organizada em grupos nacionais que são livres para fazer seus próprios regulamentos. De acordo com a proposição de Jung, são aprovados estatutos que (1) estabelecem que nenhuma sociedade nacional isolada pode reunir mais de 40% dos votos, e (2) permitem que indivíduos (isto é, judeus, que são banidos da sociedade alemã) possam se juntar à Sociedade Internacional como "membros individuais". Jung é confirmado como presidente e editor do Zentralblatt. | |
| 29 de maio | James Kirsch, "The jewish question in psychotherapy: A few remarks on an essay by C. G. Jung", no jornal *Jüdische Rundschau*. | |

(*continua*)

| Data | Eventos na carreira de Jung | Eventos mundiais |
| --- | --- | --- |
| 31 de maio | | A "Declaração Teológica de Barmen", instigada principalmente por Karl Barth, repudia abertamente a ideologia nazista. Torna-se um dos documentos fundadores da Igreja Confessante, a resistência espiritual contra o nacional-socialismo. |
| 15 de junho | Erich Neumann, carta ao *Jüdische Rundschau* sobre "The jewish question in psychotherapy" de Kirsch. | |
| 30 de junho/1º de julho | | O chamado golpe de Röhm. O líder da SA, Ernst Röhm, outros membros de alto escalão da SA e supostos oponentes políticos são executados por ordem direta de Hitler, entre eles o médico pessoal de Röhm, Karl-Günther Heimsoth, um membro de longa data do IGMSP e um conhecido pessoal de Jung. |
| 13 de julho | Palestra final de Jung no ETH do semestre de verão. | |
| 25 de julho | | Na Áustria, tentativa de golpe fracassada pelos nazistas, na qual o chanceler austríaco Engelbert Dollfuss acabou assassinado. |
| 29 de julho | | Novo governo na Áustria sob o chanceler Kurt Schuschnigg, que tenta controlar o movimento nazista com seu próprio regime autoritário de direita. |
| 2 de agosto | | Morte do presidente do Reich, Paul Von Hindenburg. Hitler assume a chancelaria e presidência em união pessoal, bem como o comando supremo da Wehrmacht. |

*(continua)*

| Data | Eventos na carreira de Jung | Eventos mundiais |
|---|---|---|
| 3 de agosto | Gerhard Adler, "Is Jung Antisemite?", no *Jüdische Rundschau*. | |
| Agosto | Conferência de Eranos em Ascona. Jung fala sobre "Os arquétipos e o inconsciente coletivo" (OC 9/1). | |
| 1 a 7 de outubro | Jung ministra um seminário na Société de Psychologie em Basileia. | |
| 26 de outubro | Primeira palestra no ETH do semestre do inverno 1934/35. | |

Outras publicações em 1934:

Com M. H. Göring, "Geheimrat Sommer on his 70th birthday", *Zentralblatt* VII

Carta circular, *Zentralblatt*. OC 11/6

"Um aditamento" a "Atualidades" [réplica a Bally]. OC 11/6

Prefácio para *Die Wunder der Seele*, de Carl Ludwig Schleich. OC 18/2

Prefácio para *Entdeckung der Seele*, de Gerhard Adler. OC 18/2

Resenha de *La Révolution Mondiale*, de Hermann Keyserling. OC 10/2

| | 1935 | |
|---|---|---|
| | Jung torna-se professor titular do ETH. | |
| | Jung conclui sua torre em Bollingen, acrescentando um pátio e uma *loggia*. | |
| 19 de janeiro | Jung aceita um convite para uma palestra na Holanda. | |
| 22 de janeiro | Fundação do capítulo suíço do IGMSP. | |
| 24 de fevereiro | | A Suíça estende o período de treinamento militar. |
| 1º de março | | Reunião do Sarre com a Alemanha, marcando o início da expansão alemã sob os nacional-socialistas. |
| 8 de março | Palestra final no ETH do semestre do inverno de 1934/35. | |

(*continua*)

| Data | Eventos na carreira de Jung | Eventos mundiais |
| --- | --- | --- |
| 16 de março | | O governo alemão desrespeita seu compromisso de futura adesão às cláusulas de desarmamento do Tratado de Versalhes. |
| 26 de março | | A Suíça proíbe críticas caluniosas às instituições estatais na imprensa. |
| 27 a 30 de março | VIII Congresso da IGMSP em Bad Nauheim (OC 11/6). | |
| 2 de maio | | Aliança Franco-Russa. |
| 3 de maio | Primeira palestra no ETH do semestre do verão de 1935. | |
| Maio | Jung participa e palestra em um simpósio da IGMSP sobre a psicoterapia na Suíça. | |
| 5 de junho | | O governo suíço apresenta um extenso programa de expansão armamentista. |
| 11 de junho | | A conferência de desarmamento em Genebra termina em fracasso. |
| 28 de junho | Publicação da contribuição de Jung no simpósio da IGMSP de maio, "O que é psicoterapia?", na *Schweizerische Ärztezeitung für Standesfragen* (OC 16/1). | |
| 12 de julho | Última palestra de Jung no ETH do semestre de verão. | |
| Agosto | Conferência de Eranos "Símbolos oníricos do processo de individuação" (OC 12). | |
| 15 de setembro | | Promulgação das chamadas Leis de Nuremberg na Alemanha. Essas leis impõem restrições aos judeus (definidos como todos aqueles um quarto judeu ou mais) e outros não "arianos" de cidadania alemã e proíbem relações sexuais e casamentos entre alemães e judeus. |

*(continua)*

| Data | Eventos na carreira de Jung | Eventos mundiais |
| --- | --- | --- |
| 30 de setembro a 4 de outubro | Jung ministra cinco palestras no Instituto de Psicologia Médica em Londres, para uma audiência de cerca de cem pessoas (OC 18/1). | |
| Outubro | | Conclusão da "Grande Marcha" na China. |
| 2 de outubro | Publicação de "A psicologia da morte" de Jung (uma versão abreviada de "A alma e a morte") no *Münchner Neueste Nachrichten* (OC 8/2). | |
| 2 a 3 de outubro | | Invasão italiana da Etiópia. |
| 6 de outubro | Entrevista com Jung, "A mente imortal do homem", *The Observer*. | |
| 15 de outubro | O grupo nacional holandês da IGMSP retira seu convite para sediar seu próximo congresso internacional, por causa dos acontecimentos na Alemanha nazista. Em sua resposta, Jung afirma que isso "compromete o propósito final de nossa associação internacional" e declara que renunciará ao cargo de presidente, o que ele não cumpre, no entanto. | |
| 25 de outubro | Primeira palestra no ETH do semestre do inverno de 1935/36. | |
| 8 de novembro | | A Suíça endurece as leis de sigilo bancário (levando às contas bancárias numeradas). |
| Dezembro | | Prêmio Nobel da Paz para o jornalista e editor alemão de esquerda Carl von Ossietzky. Hitler proíbe os alemães de aceitarem o Prêmio Nobel. |

(*continua*)

| Data | Eventos na carreira de Jung | Eventos mundiais |
|------|------------------------------|------------------|

Outras publicações em 1935:

- *O eu e o inconsciente*, 7ª edição. OC 7/2
- Introdução e comentário psicológico sobre *O Livro Tibetano dos Mortos*. OC 11/5
- "Votum C. G. Jung". OC 11/6
- "Editorial" (*Zentralblatt* VIII). OC 11/6
- "Nota do editor" (*Zentralblatt* VIII). OC 11/6
- "Princípios básicos da psicoterapia". OC 16/1
- Prefácio para *Wandlungen des Traumproblems von der Romantik bis zur Gegenwart*, de Olga von Koenig-Fachsenfeld. OC 18/2
- Prefácio para *J. H. Fichtes Seelenlehre und ihre Beziehung zur Gegenwart*, de Rose Mehlich. OC 18/2

| 1936 | | |
|------|------------------------------|------------------|
| Fevereiro | "A ioga e o Ocidente" (OC 11/5). | |
| Fevereiro | "Tipologia psicológica" (anexo em OC 6). | |
| 27 de fevereiro | | Morte de Ivan Pavlov. |
| Primavera | Formação do Clube Psicológico em Nova York. | |
| Março | Jung publica "Wotan" na *Neue Schweizer Rundschau* (OC 10/2). | |
| 6 de março | Palestra final no ETH do semestre de inverno de 1935/36. | |
| 7 de março | | As forças militares alemãs entram na Renânia violando os termos do Tratado de Versalhes e os Tratados de Locarno. Esta remilitarização muda o equilíbrio de poder na Europa, da França para a Alemanha. |
| 28 de março | | A propriedade da Editora Internationaler Psychoanalytischer, bem como todo o seu estoque de livros e periódicos, são confiscados. |

(*continua*)

| Data | Eventos na carreira de Jung | Eventos mundiais |
|---|---|---|
| Maio | | Fundação do Deutsches Institut für psychologische Forschung und Psychotherapie em Berlim, dirigido por M. H. Göring ("Instituto Göring"), com grupos de trabalho de orientação junguiana, adleriana e freudiana. A psicanálise foi tolerada, mas com a condição de que sua terminologia fosse alterada. |
| Maio | "O arquétipo com referência especial o conceito de anima", no *Zentralblatt* (OC 9/1). | |
| 1º de maio | Primeira palestra no ETH do semestre de verão de 1936. | |
| Julho | | Início da guerra civil espanhola. |
| 10 de julho | Palestra final no ETH do semestre de verão de 1936. | |
| 19 de julho | Jung e Göring participam de uma reunião de psicoterapeutas em Basileia, com representantes de diferentes escolas de psicologia profunda (entre outros, Ernest Jones, pela International Psycho-Analytical Association – IPA). | |
| Agosto | Conferência de Eranos; Jung fala sobre "As ideias de salvação na alquimia" (OC 12). | |
| 1 a 16 de agosto | | Jogos Olímpicos de Verão em Berlim. Alemães que são judeus ou ciganos são praticamente impedidos de participar. |
| 21 a 30 de agosto | Jung viaja a bordo do Georgia de Le Havre para Nova York. Ao chegar a Nova York, divulga um "Comunicado à imprensa sobre visita aos Estados Unidos", expondo sua posição política – ou não política, como fez questão de enfatizar. | |

(*continua*)

| Data | Eventos na carreira de Jung | Eventos mundiais |
| --- | --- | --- |
| Setembro | Jung ministra palestras sobre "Determinantes psicológicos do comportamento humano" (OC 8/2) nas Conferências sobre Artes e Ciências do Tricentenário de Harvard e recebe um diploma honorário. Seu convite causou controvérsia. | |
| 12 a 15 de setembro | Jung é convidado do bispo anglicano James De Wolf Perry em Providence, Rhode Island, onde discursa para a organização "The American Way", e depois parte para Milton, Massachusetts, onde é convidado de G. Stanley Cobb. | |
| Meados de 19 de setembro | Jung inicia um seminário na Ilha Bailey, baseado nos sonhos de Wolfgang Pauli. | |
| 2 de outubro | Jung ministra uma conferência no Plaza Hotel em Nova York. A palestra é publicada privadamente pelo Clube de Psicologia Analítica de Nova York sob o título "O conceito de inconsciente coletivo" (OC 9/1). | |
| 3 de outubro | Jung deixa a cidade de Nova York. | |
| 4 de outubro | Entrevista com Jung, "'Roosevelt é notável', é a análise de Jung", *New York Times* (mais tarde, publicado sob o título, "O homem de 2 milhões de anos"). | |
| 14 de outubro | Jung ministra palestras no Instituto de Psicologia Médica, em Londres, sobre "Psicologia e problemas nacionais" (OC 18/2). | |

*(continua)*

| Data | Eventos na carreira de Jung | Eventos mundiais |
| --- | --- | --- |
| 15 de outubro | Entrevista com Jung, "Por que o mundo está uma bagunça. O dr. Jung nos conta como a natureza está mudando a mulher moderna", Daily Sketch. | |
| 18 de outubro | Entrevista com Jung, "A psicologia da ditadura", The Observer. | |
| 19 de outubro | Jung faz uma palestra perante a Sociedade Abernethiana, no Hospital São Bartolomeu, em Londres, sobre o conceito de inconsciente coletivo (OC 9/1). | |
| 25 de outubro | | Tratado de paz secreto entre a Alemanha e a Itália. |
| 27 de outubro | Jung inicia seus seminários no ETH sobre sonhos de crianças com livros antigos sobre interpretação de sonhos. | |
| 3 de novembro | | Franklin D. Roosevelt é reeleito para seu segundo mandato. |
| 25 de novembro | | Pacto Anticomintern entre a Alemanha e o Império do Japão, dirigido contra a Terceira Internacional (Comunista). |
| 10 de dezembro | | Abdicação de Eduardo VIII na Inglaterra. |

Outras publicações em 1936:

● Crítica à *Praktische Seelenheilkunde*, de Gustav Richard Heyer. OC 18/2

| | 1937 |
| --- | --- |
| 3 a 5 de janeiro | Jung participa do *workshop* do Köngener Kreis (1º a 6 de janeiro) em Königsfeld (Floresta Negra, Alemanha), sobre "Grundfragen der Seelenkunde und Seelenführung" [Questões fundamentais do estudo e orientação da alma]. |

(*continua*)

| Data | Eventos na carreira de Jung | Eventos mundiais |
| --- | --- | --- |
| 30 de janeiro | | Hitler retira formalmente a Alemanha do Tratado de Versalhes. Isso inclui a Alemanha não fazer mais pagamentos de reparação. Ele exige a devolução das colônias da Alemanha. |
| 23 de abril de 1937 | Após uma pausa no semestre de inverno, as palestras de Jung no ETH têm início. | |
| 26 de abril | | A Alemanha e a Itália são aliadas de Franco e dos fascistas na Espanha. Aviões alemães e italianos bombardeiam a cidade de Guernica, matando mais de 1.600 pessoas. |
| 23 de maio | | Morte de John D. Rockefeller. |
| 28 de maio | | Morte de Alfred Adler em Aberdeen, Escócia. |
| 9 de julho | Palestra final no ETH do semestre do verão de 1937. | |
| 19 de julho | | A exposição nacional-socialista organizada pelo Partido Nazista sobre "Arte degenerada" é inaugurada no Instituto de Arqueologia de Munique. |
| Agosto | Conferência de Eranos sobre "As visões de Zósimo" (OC 13). | |
| 2 a 4 de outubro | 9º Congresso Médico Internacional de Psicoterapia em Copenhague, sob a presidência de Jung (OC 11/6). | |
| Outubro | Jung é convidado pela Universidade de Yale para ministrar a 15ª série de "Palestras sobre religião à luz da ciência e da filosofia" sob os auspícios da Fundação Dwight Harrington Terry (publicada como "Psicologia e religião", OC 11/1). Seminários sobre sonhos (continuação dos seminários de Bailey Island), Clube de Psicologia Analítica, Nova York. | |

(*continua*)

| Data | Eventos na carreira de Jung | Eventos mundiais |
|---|---|---|
| Dezembro | Jung é convidado pelo governo britânico a participar das comemorações do 25º aniversário de fundação da Indian Science Congress Association na Universidade de Calcutá. Ele é acompanhado por Harold Fowler McCormick Jr. (1898-1973) e viaja pela Índia por três meses. | |
| 13 de dezembro | | Nanquim é tomada de assalto pelos japoneses. Nas seis semanas seguintes, as tropas japonesas cometem crimes de guerra contra a população civil, o que fica conhecido como o Massacre de Nanquim. |
| 17 de dezembro | Chega a Mumbai (Bombaim) pelo P&O Cathay. | |
| 19 de dezembro | Jung chega a Hyderabad, onde recebe o título de Doutor *Honoris* Causa pela Universidade de Osmania em Hyderabad; trem noturno para Aurangabad. | |
| 20 de dezembro | Aurangabad: visita ao Templo Kailash em Ellora, e Daulatabad. | |
| 21 de dezembro | Visita às grutas de Ajanta. | |
| 22 de dezembro | Sanchi, Bopal, visita a Grande Estupa. | |
| 23 de dezembro | Taj Mahal, Agra. | |
| 27 de dezembro | Benares; Jung visita Sarnath. | |
| 28 de dezembro | Jung é premiado com o D. Litt. (Doutor em Letras) *Honoris Causa* pela Universidade Hindu de Benares; apresentação no Departamento de Filosofia: "Concepções fundamentais da psicologia analítica"; convidado da intérprete suíça de arte indiana Alice Boner; visita o Templo Vishvanatha Śiva. | |

(*continua*)

| Data | Eventos na carreira de Jung | Eventos mundiais |
|------|------------------------------|------------------|
| 29 de dezembro | Calcutá. | |
| 31 de dezembro | Jung viaja para Darjeeling. | |

Outras publicações em 1937:
"Sobre o diagnóstico psicológico da ocorrência: O experimento da ocorrência no processo do caso Näf no tribunal do júri". OC 2

| 1938 | | |
|------|------------------------------|------------------|
| 1º de janeiro | Conversa de três horas com Rimpotche Lingdam Gomchen no mosteiro Bhutia Busty. | |
| 3 de janeiro | Abertura do 25º aniversário da fundação da Indian Science Congress Association na Universidade de Calcutá. Jung é tratado no hospital em Calcutá. | |
| 7 de janeiro | Jung recebe (*in absentia*) o título de Doutor em Direito (*Honoris Causa*) pela Universidade de Calcutá. | |
| 10 de janeiro | Palestra na Faculdade de Ciências da Universidade de Calcutá: "Arquétipos do inconsciente coletivo". | |
| 11 de janeiro | Palestra na Ashutosh College, Universidade de Calcutá: "As concepções da psicologia analítica". | |
| 13 de janeiro | Visita ao Templo de Konark ("Pagode Negro"). | |
| 21 de janeiro | Visita ao Templo Chennakesava (também chamado de templo Kesava) e ao templo de Somanathapur (Mysore). | |
| 26 de janeiro | Jung em Trivandrum; palestra na Universidade de Travancore: "O inconsciente coletivo". | |

(*continua*)

| Data | Eventos na carreira de Jung | Eventos mundiais |
| --- | --- | --- |
| 27 de janeiro | Universidade de Travancore: "Desenvolvimentos históricos da ideia do inconsciente". | |
| 28 de janeiro | Ferry para o Ceilão. | |
| 29 de janeiro | Colombo. | |
| 30 de janeiro | Trem para Kandy. | |
| 1º de fevereiro | Regresso a Colombo. | |
| 2 de fevereiro | Embarca no S.S. Korfu para retornar à Europa. | |
| 12 de março | | Anexação da Áustria pela Alemanha nazista. |
| 27 de abril | | Edmund Husserl, o filósofo fundador da fenomenologia, morre em Freiburg, Alemanha. |
| 29 de abril | Após seu retorno da Índia, a série de palestras de Jung no ETH recomeça. | |
| Maio | | A Liga das Nações reconhece a postura de neutralidade da Suíça. |
| 4 de junho | | Sigmund Freud deixa Viena; após uma escala em Paris, chega a Londres dois dias depois. |
| 8 de julho | Palestra final no ETH do semestre de verão de 1938. | |
| 29 de julho a 2 de agosto | 10º Congresso Médico Internacional de Psicoterapia no Balliol College, Oxford, sob a presidência de Jung; doutorado honorário da Universidade de Oxford; "Discurso Presidencial" (OC 11/6). | |
| Agosto | Conferência de Eranos "Aspectos psicológicos do arquétipo materno" (OC 9/1). | |

(*continua*)

| Data | Eventos na carreira de Jung | Eventos mundiais |
|---|---|---|
| 29 de setembro | | O Pacto de Munique permite à Alemanha nazista a ocupação imediata da terra dos Sudetos. Acordo entre a Suíça e a Alemanha sobre o carimbo de passaportes judeus alemães com "J." |
| 28 de outubro | Primeira palestra no ETH do semestre de inverno de 1938/39. | |
| Outubro | A série de seminários de Jung no ETH sobre a interpretação psicológica dos sonhos de crianças começa no inverno de 1938/39. | |
| 9 de novembro | | Um estudante de teologia suíço, Maurice Bavaud, fracassa na tentativa de assassinar Hitler em uma parada nazista em Munique e é guilhotinado. |
| 9/10 de novembro | | Pogrom contra judeus na Alemanha nazista ("Noite dos Cristais"). |
| 23 de novembro | Jung faz sua declaração, como testemunha, no novo julgamento do caso de assassinato de Hans Näf. | |

Outras publicações em 1938:

Com Richard Wilhelm, *O segredo da flor de ouro*, 2. ed. OC 13

"Sobre o *Rosarium Philosophorum*". OC 18/2

Prefácio para *Der dunkle Bruder*, de Gertrud Gilli. OC 18/2

| | 1939 | |
|---|---|---|
| Janeiro | "Diagnosticando os ditadores", entrevista para H. R. Knickerbocker, Hearst's International-Cosmopolitan. | |
| 15 de fevereiro | O último dos seminários de Jung sobre o *Zaratustra* de Nietzsche e, portanto, dos seminários regulares de língua inglesa. | |

(*continua*)

| Data | Eventos na carreira de Jung | Eventos mundiais |
| --- | --- | --- |
| 3 de março | Palestra final no ETH do semestre de inverno de 1938/39. | |
| 28 de março | | Madri rende-se aos nacionalistas; Franco declara vitória em 1º de abril. |
| Abril | Visita o sudoeste da Inglaterra em conexão com a pesquisa de Emma Jung sobre o Graal. | |
| 4 de abril | Conferência na Royal Society of Medicine em Londres, "A psicogênese da esquizofrenia" (OC 3). | |
| 5 de abril | Conferência no Guild of Pastoral Psychology, Londres, sobre "A vida simbólica". | |
| 28 de abril | Primeira palestra no ETH do semestre do verão de 1939. | |
| Maio | Surendranath Dasgupta ministra palestras sobre os *Yoga Sûtras* de Patañjali no Clube de Psicologia, Zurique. Entrevista para Howard Philp, "Jung diagnostica os ditadores", *Psychologist*. | |
| Julho | Em uma reunião de representantes da Sociedade Médica Geral Internacional para Psicoterapia Jung apresenta sua demissão. | |
| 7 de julho | Palestra final do semestre de verão de 1939. | |
| Agosto | Conferência de Eranos "Sobre o renascimento" (OC 9/1). | |
| 1º de setembro | | As tropas alemãs nazistas invadem a Polônia; a Grã-Bretanha e a França declaram guerra à Alemanha dois dias depois, dando início à Segunda Guerra Mundial. A Suíça declara a neutralidade. |

(*continua*)

| Data | Eventos na carreira de Jung | Eventos mundiais |
|---|---|---|
| 23 de setembro | | Sigmund Freud morre em Londres aos 83 anos. |
| | Muda sua família por segurança para Saanen, no Oberland Bernês. | |
| 1º de outubro | O obituário de Jung de Freud é publicado no *Sonntagsblatt der Basler Nachrichten* (OC 15). | |
| 3 de outubro | Primeira palestra no ETH do semestre de inverno de 1939/40. | |
| Outubro | A série de seminários de Jung no ETH sobre a interpretação psicológica dos sonhos de crianças começa no período de inverno de 1939/40. | |

Outras publicações em 1939:

"Consciência, inconsciente e individuação". OC 9/1

"A Índia – Um mundo de sonhos" e "O que a Índia nos pode ensinar". OC 10/3

Prefácio a *Introdução ao zen-budismo*, de Daisetz Teitaro Suzuki. OC 11/5

| 1940 | | |
|---|---|---|
| 8 de março | Palestra final no ETH do semestre de inverno de 1939/40. | |
| 9 de abril | | As tropas alemãs invadem a Noruega e a Dinamarca. |
| 10 de maio | | Invasão alemã da Bélgica, Holanda e Luxemburgo. |
| 12 de maio | | A França é invadida pela Alemanha. |
| 14 de junho | | As tropas alemãs ocupam Paris. |
| 20 de junho | Em carta a Matthias Göring, Jung apresenta sua demissão da presidência da Sociedade Médica Geral Internacional para Psicoterapia. | |

*(continua)*

| Data | Eventos na carreira de Jung | Eventos mundiais |
|---|---|---|
| 12 de julho | Jung envia sua carta final de demissão a M. Göring. | |
| 19 de julho | | Hermann Göring é nomeado Reichsmarschall. |
| Agosto | Conferência de Eranos "Interpretação psicológica do Dogma da Trindade" (OC 11/2). | |
| 7 de setembro (a 21 de maio de 1941) | | Ataques aéreos alemães contra Londres ("a Blitz"). |
| 29 de outubro | A série de seminários de Jung no ETH sobre os sonhos de crianças tem início no semestre de inverno de 1940/41. | |
| 8 de novembro | Primeira palestra no ETH do semestre de inverno de 1940/41. | |

Outras publicações em 1940:

Prefácio para *Die Psychologie von C.G. Jung*, de Jolande Jacobi, OC 18/2

| | 1941 | |
|---|---|---|
| 13 de janeiro | | Morte de James Joyce em Zurique. |
| 28 de fevereiro | Palestra final do semestre de inverno de 1940/41. | |
| 2 de maio | Primeira palestra no ETH do semestre de verão de 1941. | |
| 11 de julho | Última palestra de Jung no ETH. | |
| Agosto | Conferência de Eranos "O símbolo da transformação na missa" (OC 11/3). | |
| 7 de setembro | Apresenta uma palestra sobre "Paracelso, o médico" para a Sociedade Suíça de História da Medicina em Basileia (OC 15). | |

(*continua*)

| Data | Eventos na carreira de Jung | Eventos mundiais |
|---|---|---|
| 5 de outubro | Apresenta uma palestra sobre "Paracelso, um fenômeno espiritual" em Einsiedeln, no 400º aniversário da morte de Paracelso (OC 13). | |

Outras publicações em 1941:

*Ensaios sobre uma ciência da mitologia. O mito da criança divina e os Mistérios de Elêusis, junto com Karl Kerényi.* OC 9/1

"Retorno à vida simples". OC 18/2

# Introdução ao Volume 2

*Ernst Falzeder*

Quando Jung começou a palestrar em seu segundo semestre no ETH de Zurique, em 20 de abril de 1934, ele tinha uma agenda cheia em meio aos tempos turbulentos do mundo que o cercava[4]. Além de sua prática clínica e do tempo que dedicava à preparação e apresentação dessas palestras, ele havia encerrado o seminário *Visões* em 21 de março de 1934 (Jung, 1977) e algumas semanas depois, em 2 de maio de 1934, iniciara um novo seminário sobre o *Zaratustra*, de Nietzsche (Freud & Jung, 1988). Também se envolveu nos encontros do Círculo de Eranos em Ascona, organizados por Olga Fröbe-Kapteyn. Ele havia ministrado uma palestra em seu primeiro encontro, em agosto de 1933 (OC 9/1), e faria isso em seu segundo encontro, no ano seguinte. Em geral, esses anos foram marcados por seu retorno ao intenso estudo da alquimia (cf. a seguir), embarcando em uma nova área de investigação que ocupava cada vez mais seu tempo.

Além disso, publicou, em 1934, *A realidade da alma: Aplicações e avanços da psicologia moderna*, uma antologia com contribuições de Hugo Rosenthal, Emma Jung e W. M. Kranefeldt (Jung *et al.*, 1934), e vários outros textos menores, incluindo sua réplica a Gustav Bally (Bally, 1934; OC 11/6);

---

4. Para uma cronologia, justapondo eventos mundiais e eventos na vida e carreira de Jung, cf. neste volume, pp. 33-56).

"A situação atual da psicoterapia" (OC 10/3); "A alma e a morte" (OC 8/2); "Sobre os arquétipos do inconsciente coletivo" (sua palestra no encontro de Eranos; OC 9/1); e uma série de saudações, prefácios e posfácios e críticas.

Quase nada dessas atividades, no entanto, é refletido nas palestras. Em vez de compartilhar seus interesses da época com seu público, ele voltou ao seu início[5]. Como já havia apontado no começo do primeiro semestre, quaisquer perguntas que lhe fossem dirigidas (que teriam de ser enviadas pelo correio) deveriam ser estritamente "dentro do escopo destas palestras, ao invés de abordar o futuro das moedas europeias, por exemplo, ou as perspectivas do nacional-socialismo etc." (Jung, 2020, p. 102). Ele queria se apresentar como um professor universitário "objetivo", limitando-se à psicologia e sua história *sensu stricto*. Ele havia, no primeiro semestre, dado uma visão geral do campo e apresentado várias teorias e sistemas de pensamento em um levantamento histórico, além de discutir detalhadamente dois casos históricos, estabelecendo assim o pano de fundo para seus próprios pontos de vista e situando-se em uma linha de pensadores proeminentes ao longo dos séculos. Ele agora estava pronto para avançar cautelosamente em direção a uma elucidação de suas próprias teorias, o que realizou refazendo seus passos para desenvolvê-las.

Era quase sexagenário, faria 59 anos em 26 de julho. Há muito havia adquirido um ponto de vista independente em relação às teorias de seus antigos professores e mentores, como Théodore Flournoy, Pierre Janet, Eugen Bleuler e Sigmund Freud. Em um "Discurso por ocasião da fundação do Instituto C. G. Jung", em 24 de abril de 1948, Jung fez um resumo sucinto de seu próprio desenvolvimento (OC 18/2, § 1130):

---

5. Em 5 de maio de 1934, ele deu sua aula inaugural no ETH, que também tratou da teoria dos complexos (OC 8/2).

É sabido que iniciei meu trabalho no campo da psiquiatria há quase cinquenta anos. [...] Freud e Janet haviam recém-começado a lançar o fundamento da metodologia da observação clínica e Théodore Flournoy, em Genebra, havia dado sua contribuição à biografia psicológica [...]. Com a ajuda do experimento de associações de Wundt, tentei avaliar com a maior exatidão possível a peculiaridade do estado psíquico de pessoas neuróticas e psicóticas. [...] era minha intenção examinar precisamente o processo psíquico aparentemente mais subjetivo e mais complicado, ou seja, a reação associativa [...]. Este trabalho levou diretamente à descoberta dos *complexos com carga emocional* e indiretamente a uma nova questão, isto é, ao problema da *atitude* [...] Dessas pesquisas resultou uma *tipologia psicológica* [...] desde o começo, os experimentos e a pesquisa, andavam em paralelo com a investigação dos processos inconscientes. Isto levou, por volta de 1912, à descoberta do *inconsciente coletivo*. [...] Esta expansão manifestou-se externamente na colaboração do sinólogo Richard Wilhelm e do indianista Heinrich Zimmer.

Em suma, ele havia viajado extensiva e intensamente pelos mundos interior e exterior. Partindo de origens humildes, tornara-se uma figura de renome mundial, embora bastante controversa, tanto científica quanto politicamente. E então, depois de ter-se demitido do cargo de professor na Universidade de Zurique em 1913 como *Privatdozent*, ele estava reingressando no mundo acadêmico e logo se tornaria um professor universitário pleno no ETH em 1935.

Pode-se dizer que havia chegado ao apogeu de sua carreira. Seu velho rival e outrora amigo, Sigmund Freud, ainda lhe fazia sombra, no entanto. Embora Jung tivesse conquistado a mais alta posição acadêmica, reunisse um grande número de seguidores internacionais em torno dele, tivesse desenvolvido uma teoria psicológica abrangente muito comentada, o que fez dele um entrevistado muito requisitado pela mídia internacional, e além disso tivesse conquistado amigos e benfeitores entre os famosos, ricos e poderosos nas finanças, política, nobreza, academia e ciência, literatura e artes, e passasse a ser um nome conhecido em muitos círculos em todo o mundo – ainda assim seu nome era frequentemente mencionado unicamente em relação a Freud. Ainda hoje, como observou Sonu Shamdasani, "quando a maioria das pessoas pensa em psicologia, Freud e Jung são os nomes que aparecem em primeiro lugar" (Jung, 2013, p. 193). No entanto, na maioria das vezes, eles não eram citados como iguais. Jung era retratado como ex-discípulo e seguidor de Freud, assim como Alfred Adler (que muitas vezes completava o trio), e como alguém que havia desenvolvido ainda mais a teoria e o método de Freud – ora elogiado, ora criticado por isso –, mas continuava sendo visto como o segundo depois de Freud, este o inovador original que abrira todo um novo campo de observação e tratamento psicológico[6]. O número de seus seguidores, os "junguianos", nunca ultrapassou um quarto dos membros da Associação Psicanalítica Internacional (API) de Freud, e eles também eram muito menos organizados e eficazes (cf. Falzeder, 2012).

Isso era especialmente verdadeiro na Alemanha, onde Jung, por razões óbvias, também queria criar uma base forte e não ser eclipsado por Freud e os freudianos. Como Jung escreveu em uma carta de 1932, mesmo que com um pouco de eufemismo coquete: "Eu estou apenas agora em fase de ser conhecido no ambiente de língua alemã" (Jung, 2000, p. 151). Ou ainda, em 1933: "pois existem de fato poucas pessoas que perceberam que eu digo algumas coisas diferentes de Freud. Infelizmente sou desconhecido na Alemanha. [...] Também gostaria de

---

6. Estou falando da *percepção* de muitos, no passado e no presente, independentemente de a afirmação da originalidade de Freud se sustentar ou não.

corrigir nesta oportunidade o erro de que eu provim da escola de Freud" (Jung, 2000, p. 137). Era sua convicção, no entanto, que o desenvolvimento da psicoterapia na Alemanha seria decisivo para o seu futuro em geral. Pouco antes de iniciar na função, em 28 de março de 1934, Jung escreveu a Max Guggenheim: "Freud disse-me certa vez com razão: 'O destino da psicoterapia será traçado na Alemanha'. De início estava fadada ao fracasso total, porque era considerada judia. Este preconceito eu o derrubei com a minha intromissão" (Jung, 2000, p. 169).

Mas mesmo que Jung tenha conseguido ganhar algum terreno entre os psicoterapeutas na Alemanha, e também aprovado regulamentos para que membros individuais da Sociedade Médica Geral Internacional para Psicoterapia (IGMSP) – isto é, judeus alemães que haviam sido proibidos, pelos nazistas, de serem membros do capítulo alemão da IGMSP – pudessem se tornar membros individuais, isso afetou principalmente a aplicação prática da psicoterapia da psicologia analítica. Os membros da IGMSP, como psicoterapeutas, eram em sua maioria médicos atuantes, e poucos deles faziam trabalhos teóricos importantes ou tinham vínculo com a academia. Ali, no ETH, ele enfrentou um desafio diferente em sua nova função de professor universitário.

Freud havia sido nomeado *Professor Extraordinarius* na Universidade de Viena em 1902. Era um título meramente nominal, mas, além de conferir prestígio e atrair pacientes, também lhe dava o direito de ministrar palestras. Depois de ter lecionado lá por trinta anos, nos trimestres de inverno de 1915/1916 e 1916/1917 ele fez sua última série de palestras, que foram então publicadas em 1917 sob o título *Conferências introdutórias à psicanálise* (Freud, 1916-1917). Este se tornou o "livro mais popular de Freud". Ernest Jones, em 1955, listou "cinco edições alemãs, além de várias edições de bolso [...] Foi traduzido para dezesseis idiomas [...] Houve cinco edições inglesas e duas americanas" (Jones, 1955, p. 218).

Em março de 1932, Freud começou a escrever uma nova série de suas *Conferências introdutórias*, que foi publicada em forma de livro em 6 de dezembro de 1932 (Freud, 1933; Freud & Eitingon, 2004, p. 841). Na verdade, estas palestras não chegaram a ser proferidas na universidade e foram escritas principalmente para ajudar a combalida Internationaler Psychoanalytischer Verlag, para a qual ele doou seus *royalties*. Estas *Conferências*, no entanto, mantiveram o formato de diálogo e continuaram a numeração das *Conferências* anteriores. Ambos os conjuntos de palestras não foram especificamente dirigidos a analistas, mas à, agora imaginada, "multidão de pessoas instruídas" (Freud & Eitingon, 2004, p. 6), e esclareceram quais "novidades e melhorias podem ter sido introduzidas na psicanálise durante o período intercorrente" (Freud & Eitingon, 2004, p. 7).

Jung estava bem ciente disso e de fato obteve uma cópia das *Novas conferências introdutórias*. Como ele mesmo tentou se dirigir "à multidão de pessoas instruídas", seu próprio público mais amplo? Quais foram as suas próprias "Conferências Introdutórias à Psicologia Analítica"? Ele havia praticamente completado sua própria estrutura teórica madura. Quase todos os elementos estavam presentes: teoria dos complexos, o inconsciente coletivo e os arquétipos, persona, sombra, *animal/animus*, o *self*, individuação, simbologia, circumambulação, enantiodromia, teoria dos sonhos, tipologia e as quatro funções, imaginação ativa ("função transcendente"), e assim por diante, e as sementes da sincronicidade (cf., p. ex., pp. 107-123). Depois de ter encontrado em 1928, através do trabalho de Wilhelm, o que ele pensava ser uma confirmação independente (fora do campo da psiquiatria) de suas visões e experiências, ele iniciou o estudo comparativo de textos orientais, primeiro em colaboração com Jakob Hauer e Heinrich Zimmer (cf. Jung, 1996; em preparação [1933]).

E depois de ter identificado *O segredo da flor de ouro* como um "tratado alquímico", embarcou em sua imersão na alquimia e no *mysterium coniunctionis*: "Quero apenas sublinhar o fato de ter sido o texto da *flor de ouro* que me ajudou a encontrar a via correta. A alquimia medieval representa o traço de união entre a gnose e os processos do inconsciente coletivo que podem ser observados no homem de hoje" (OC 13, p. 12-13). E, de fato, ele passou o resto de sua vida estudando a psicologia da alquimia ocidental e o simbolismo cristão. Barbara Hannah data a primavera de 1934 como o início do estudo sério de Jung sobre a alquimia. Foi nessa época que ele contratou Marie-Louise von Franz como assistente de pesquisa para trabalhar em alquimia, pois seu conhecimento de grego e latim estava enferrujado (Hannah, 2022, p. 317).

Em 2 de novembro de 1928, Jung foi convidado por Carl Murchison, editor-chefe de uma série de resenhas sobre as "psicologias" para cada ano, publicada pela Clark University, a contribuir com um capítulo sobre sua própria psicologia para o volume de 1930 (Arquivos do ETH). Jung tinha conhecimento da série e a havia mencionado, no começo do período letivo anterior, como exemplo do "inacreditável caos de opiniões" na área (Jung, 2020, p. 48) e outra vez no início do semestre seguinte, em termos semelhantes (p. 48). Na época, em 1928, Jung recusou-se a contribuir e sugeriu, em vez disso, Helton Godwin ("Peter") Baynes (Baynes Jansen, 2003). No fim, nenhum capítulo sobre Jung foi incluído. A seção sobre "psicologias analíticas" (Murchison, 1930; parte XI) continha três artigos: de Pierre Janet sobre sua *analyse psychologique*, de John C. Flugel sobre a psicanálise (freudiana) e de Alfred Adler sobre psicologia individual. O nome de Jung foi mencionado apenas quatro vezes, duas em conexão com seus experimentos de associação (Murchison, 1930, pp. 47, 386) e duas de passagem em relação a Freud e/ou Adler (Murchison, 1930, pp. 32, 461)[7].

Em contraste com Freud, Jung sentia-se muito à vontade e disposto a falar em público. Ele se sentia bastante confortável em conceder entrevistas para jornais, revistas, rádio e, eventualmente, TV; realizava palestras públicas e conferências universitárias, promovia seminários e gostava de conversar com líderes de opinião e políticos. De fato, "Jung nunca, ou apenas quando estava fisicamente debilitado, conseguia resistir se um jornalista lhe pedisse para dar uma entrevista" (Jaffé, 1968, p. 132; tradução minha). No início e meados da década de 1930, além de suas palestras no ETH, ele apresentou uma série de visões gerais básicas, parcialmente sobrepostas, de sua teoria em diferentes contextos. Além de várias apresentações individuais, ele ministrou palestras durante uma semana em Basileia, na Suíça (1º a 6 de outubro de 1934) (Jung, 1935 [1934]), e outra semana em Ammersfoort, Países Baixos (abril de 1935), sobre "Conceitos e métodos básicos de psicologia analítica". Além disso, de 30 de setembro a 4 de outubro de 1935, proferiu as conhecidas Conferências de Tavistock (OC 18/1)[8]. A exposição de longe mais detalhada, acessível e abrangente, no entanto, ele apresentou na universidade. Isso pode ser visto como uma tentativa, não apenas de fazer um balanço e rever o caminho que ele próprio havia tomado, mas também de enfrentar e desafiar Freud, expondo sua própria versão da psicologia profunda em um ambiente acadêmico e estabelecendo uma posição como professor de psicologia e psiquiatria acadêmicas.

---

7. O nome de Freud apareceu trinta e duas vezes.

8. Grande parte do material de Basel e Tavistock foi incorporado por Roland Cahen em sua edição de *L'homme à la découverte de son âme de Jung* (Jung, 1944).

No semestre anterior, no reinício de suas aulas na universidade, Jung havia se esforçado muito para se apresentar como um cientista, alinhando-se com um grande número de pensadores de prestígio ao longo dos séculos e tentando oferecer ao seu público fatos simples, mas ao mesmo tempo bizarros e peculiares, retirados de narrativas de casos históricos famosos. Esta abordagem não tinha sido um sucesso absoluto, no entanto. Muitos ouvintes, especialmente os mais jovens, ficaram desapontados em razão de os tópicos abordados em detalhe por Jung não serem aqueles sobre os quais tinham ido ouvi-lo falar. "Há um grande número de reclamações de membros mais jovens da audiência", disse Jung no início de sua nona palestra em 15 de dezembro de 1933, "que confirmaram meus piores temores. Eu iria confundi-los e eles não conseguiriam imaginar por que razões discuti extensamente um caso curioso como este da Vidente, que evidentemente data do último século!" (Jung, 2020, p. 192). Isso provavelmente se referia a algumas reações dos alunos, reunidas e resumidas por um participante chamado Otto (Arquivos do ETH; sem data). Eles concordavam que as palestras não atenderam às suas expectativas, especificamente, que os tópicos eram muito fantasiosos e históricos e que Jung não falava sobre problemas contemporâneos e sua própria teoria psicológica. Jung voltou a mencionar queixas semelhantes quatro palestras depois: "Recebi algumas reações, provavelmente de alguns dos membros mais jovens do público, desejando que eu apresente menos histórias de casos e, ao invés disso, lhes dê mais do meu próprio ponto de vista. [...], mas vocês precisam manter em mente que me propus a dar um curso de palestras sobre a psicologia moderna, porém não posso pretender que a psicologia moderna seja idêntica a mim mesmo" (Jung, 2020, p. 240).

Talvez também como reação a esse *feedback*, no segundo semestre Jung falou muito mais sobre seu próprio método e teoria. Fez isso compartilhando com seu público o caminho que ele próprio havia tomado; *nota bene*, não contou suas experiências de registrar e avaliar o que havia encontrado em seu próprio mundo interior, mas lidou com experimentos e conceitos que lhe granjearam renome científico, começando por seus experimentos de associação, e o fato de ele próprio ter descoberto "o" inconsciente, o que eventualmente levou a uma série de métodos para conhecer seu conteúdo, em particular, a análise dos sonhos.

O que Jung *não* fez, temporariamente, foi entrar em uma discussão sobre as diferenças teóricas e metodológicas entre seus próprios pontos de vista e os de Freud (ou Adler). Na verdade, ele *sequer* mencionou o nome de Freud neste semestre em particular, o que em si parece ser uma omissão evidente, pois sem dúvida Freud desempenhou um papel crucial no próprio desenvolvimento que ele estava descrevendo. Em retrospecto, no entanto, podemos encarar isso como uma estratégia para mais tarde envolver sua audiência em uma discussão detalhada e uma comparação dessas diferenças, o que ele de fato empreendeu nos seguintes períodos. Agora podemos ver para onde ele se encaminhava e avaliar o quanto uma rivalidade subjacente, mas ainda implícita, com Freud estava por trás disso. Como isso ficará muito mais claro no terceiro volume desta série, um comentário sobre suas diferentes abordagens e a maneira de Jung apresentá-las será reservado até considerarmos as palestras específicas de Jung sobre esse assunto. No entanto, aqui eu já quero apontar a lógica por trás da estratégia de Jung, na qual – além de outros motivos – a longa sombra que Freud ainda lança parece de fato ter desempenhado um papel importante[9].

---

9. Pouco antes do início deste período, em dezembro de 1933, Jung havia escrito uma crítica laudatória do livro de Gerhard Adler, *Entdeckung der Seele* [A descoberta da alma], com o subtítulo *De Sigmund Freud e Alfred Adler para C.G. Jung* (1934 [1933]), que aborda precisamente essas diferenças. Jung

Jung começou sua primeira palestra dizendo: "Pela minha experiência, foram em geral os termos básicos que causaram dificuldade. Por isso, decidi discutir assuntos mais simples neste semestre, ou seja, termos e métodos básicos, com a ajuda dos quais espero lhes explicar como surgiram as noções com as quais trabalho".

A primeira pergunta que ele abordou é aparentemente simples: o que é psicologia? Isso leva a outras perguntas: qual é o estado atual da psicologia? Qual é o seu assunto? Quão subjetiva é, e quão objetiva pode ser? Jung era um psicólogo dedicado, e o que ele mencionou na sétima palestra poderia ser tomado como lema para todo o seu empreendimento: "[O] ser humano é a tarefa mais nobre da ciência, elevando-se acima de todas as suas outras tarefas. É a tarefa mais elevada e mais interessante, na minha opinião não autorizada". Isso é uma reminiscência de Nietzsche, que havia exigido "que a psicologia seja novamente reconhecida como rainha das ciências, e que as demais existam para servi-la e para sua preparação" (1886 [2002], p. 24). Parecia ser mais do que uma pergunta retórica quando Jung questionou, em 1930, "Nietzsche terá enfim razão com o seu dito: *scientia ancilla psychologiae?*" (OC 15, prefácio do capítulo VII).

"A psicologia trata [...] antes de tudo do que é válido de forma geral", afirmou, a despeito de qualquer "psicologia" particular, mas ela é também subjetiva; é sobre o que ocorre a nós diretamente. Seu assunto é "o que é chamado de alma", *das was man Seele nennt.* E não só "tudo o que experimentamos é psíquico", como também *"tudo* já foi psíquico, não há

---

mencionou este livro em sua quarta palestra como "uma descrição muito boa das funções no contexto da chamada tipologia", mas não no contexto de Freud ou Adler.

nada que não tenha sido psíquico antes, como a imaginação de um artista ou de um engenheiro. Pegue uma ponte ferroviária, ou uma obra de arte – ou mesmo este púlpito. Tudo o que aprendemos e experimentamos é primeiramente psíquico. A única coisa que é imediatamente dada e perceptível é algo psíquico, isto é, uma imagem psíquica. Esta é a primeira e única base da experiência. 'Eu sinto [*empfinde*]' é a primeira verdade". Assim, a psicologia é tanto um fenômeno geral quanto algo subjetivo, uma questão quase pessoal. Jung enfatizou, no entanto, que não era uma questão arbitrária, mas sim "uma fenomenologia, uma sintomatologia".

Isso o levou à questão de como as várias visões da psicologia ao longo de sua história, que ele apresentara no primeiro semestre, haviam sido geradas e, mais tarde, a explicar as diferenças nacionais de ideias e perspectivas, em particular refletindo sobre a questão da língua, convicções sociais e religiosas, instituições e diferenças geográficas (solo, clima) em geral, e sobre as diferentes características e dificuldades das línguas inglesa, francesa e alemã quando se trata de expressar materiais psicológicos em particular. "A psicologia está [...] lidando com um grande número de fatos", observou. "Mas é extremamente difícil aceitar esses fatos como eles realmente são." Uma vez que aceitamos esses fatos, surge a próxima dificuldade, ou seja, a *representação* do material, o que é verdadeiramente uma grande dificuldade: "[É] quase impossível transmitir fielmente os fatos da questão". "[As] verdades psicológicas fundamentais nunca podem ser expressas em termos delineados", porque "quanto mais claro for um termo psicológico, menos ele designa". Portanto, teríamos "que aprender a arte de criar termos bastante gerais e indeterminados, e ainda assim capazes de transmitir algo". Devemos ter sempre em mente que estamos lidando com a totalidade de uma pessoa. Não adianta "isolar um processo psíquico" para fins de estudo, pois assim teremos "matado a vida psíquica nesse processo".

"Não há nada simples na psique." A psique que reage a algo simples nunca é simples em si mesma. Cada um de nós percebe de forma diferente, então como construímos um fato ou evidência? E como transmitimos fielmente os fatos que vivenciamos? Por exemplo, "o que quero dizer quando afirmo: 'Estou me sentindo bem'?" Um observador externo pode registrar algo que desconhecemos. "As dificuldades surgidas nesse sentido estavam entre as razões", segundo Jung, "que levaram ao reconhecimento do inconsciente como fator interferente". Isso deu a Jung a abertura para entrar na discussão dos conceitos de consciência e inconsciente, e suas respectivas características, as quais ele ilustrou com vários exemplos, seja da vida cotidiana, de sua experiência clínica, de suas viagens, da literatura ou, com bastante frequência, do que ele ainda chamava de "primitivos".

Jung descreveu os estados conscientes e inconscientes alternadamente, enfatizando sua diferença, mas também sua interdependência e inter-relação. A consciência, por exemplo, "necessita de esforço, exige energia e trabalho, e por isso nos cansa". Também é "muito limitada" e "demasiado estreita[,] e exclui muitas ideias". O inconsciente, por outro lado, "está presente em todos os momentos" e é "a condição primordial da humanidade". "O inconsciente está sempre sonhando." Também está sempre "ativo no trabalho e sou completamente dependente desse trabalho". "[A] consciência flutua no mundo inconsciente como um disco redondo, ou assemelha-se a uma pequena ilha no oceano. A consciência nunca pode ser igualada à alma; é apenas uma parte, talvez uma parte muito pequena, da alma. A alma é o todo." "A consciência é para todos os efeitos um órgão, um olho ou um ouvido da alma." O inconsciente, por outro lado, "tem uma memória fabulosa. Há coisas que nunca soubemos, por assim dizer, mas que existiam mesmo assim" e tiveram um efeito discernível sobre nós[10].

Tendo introduzido essa diferenciação básica entre consciência e o inconsciente, Jung passou a discutir a consciência como um "órgão de percepção" ou "orientação" e "aquelas funções da consciência que servem à nossa orientação para o interior" ou a "esfera interna". Ele deixou de lado temporariamente sua distinção entre tipos introvertidos e extrovertidos e introduziu as conhecidas quatro funções que, segundo Jung, guiam essa orientação – sensação, pensamento, sentimento e intuição – e, como sempre nessas palestras, ilustrou-as e demonstrou como estão "curiosamente inter-relacionadas" com a ajuda de

---

10. Nesse contexto, Jung se aproximou do conceito freudiano de *Nachträglichkeit*, dizendo, por exemplo: "Muitas vezes as coisas ocorriam em um momento em que nossa consciência ainda não conseguia perceber seu valor. Talvez estivéssemos conscientes delas, mas desconhecíamos seu valor". No entanto, essas coisas "foram registradas como importantes pelo inconsciente, [...] podem ressurgir mais tarde". O termo de Freud para esse efeito posterior de impressões anteriores é o notoriamente difícil de traduzir *Nachträglichkeit*, que foi vertido como "deferred action" [ação adiada] em inglês e "après-coup" em francês. Como Laplanche e Pontalis (1967, p. 111) definem o termo: "experiências, impressões e traços de memória podem ser revistos posteriormente para se adequarem a novas experiências ou à obtenção de um novo estágio de desenvolvimento. Podem, nesse caso, ser dotados não apenas de um novo significado, mas também de eficácia psíquica". Roudinesco e Plon (2006, p. 57) especificam que isso é particularmente verdadeiro para eventos traumáticos, que "assumem significado para um sujeito apenas *après-coup*, ou seja, dentro de um contexto histórico e subjetivo posterior que lhes confere um novo significado. Esse termo resume o conjunto da concepção freudiana de temporalidade, segundo a qual um sujeito constitui seu passado ao reconstruí-lo em função do futuro ou de um projeto" (minha trad.). – Seja por não ter conhecimento dos paralelos, seja por querer evitar chamar a atenção para eles, Jung em geral não creditou a Freud nessas conferências contribuições substanciais que compartilhou com ele ou dele herdou (cf. tb. também p. 91 e nota 27 sobre o significado antitético das palavras primitivas), mas destacou as diferenças entre eles ou, em particular, utilizou Freud como um "caso histórico" que apresentava certas peculiaridades, como no fim do primeiro semestre (Jung, 2020, p. 270): "teríamos de concluir que seu pensamento provém apenas dos seus complexos. Mas nos refrearemos de presumir tanto, somos educados demais para isso".

muitos exemplos. Também ficamos sabendo mais sobre suas distinções entre funções racionais e irracionais e funções desenvolvidas (superiores) e subdesenvolvidas (inferiores). A sensação nos diz o que é uma coisa; o pensamento, o que ela *significa*; o sentimento, como a *valoramos*; e a intuição nos dá "a aura invisível que envolve a coisa", algo melhor traduzido como *Ahnung* (pressentimento, premonição, sugestão, palpite, presságio). "Na verdade, o último é um termo excelente, enquanto 'intuição' permite muitos significados diferentes." É uma "função de percepção por meios inconscientes". O intuitivo "não olha as coisas, mas vê", e simultaneamente tem "uma capacidade verdadeiramente notável de não observação". Prenunciando seu conceito de sincronicidade, Jung falou sobre a "lei da série" e as "leis da coincidência". "Como as intuições nunca são completamente conscientes, a intuição é uma estranha função limítrofe [...] nunca é realmente tangível, e sabemos tanto dela quanto da quarta dimensão. Portanto, minha definição de intuição é um tanto improvisada e, na verdade, uma declaração de falência científica". De fato, encontramos aqui provavelmente a discussão mais detalhada e simultaneamente mais acessível da função intuitiva na obra de Jung.

No centro das funções há o "eu", e todas as funções se relacionam com ele. O eu costuma ter um pensamento principal e um grande número de pensamentos secundários que guarda para si mesmo, "pois de outra forma não haveria individualidade". "Esses pensamentos secundários fazem do eu o guardião do grande selo de todos os segredos."

Embora as funções sejam sujeitas à vontade e possam ser direcionadas, elas podem ocorrer involuntariamente na consciência ou também podem prosseguir inconscientemente. Esse curso inconsciente de nossas funções "é [...] um fato muito reconfortante. Pois nos permite esperar com alguma certeza que o que não pensamos, percebemos e intuímos com nossa consciência será feito por nós pelo inconsciente".

Jung enfatizou que essas "funções não foram descobertas por mim, apenas tropecei neste tesouro, pois as funções são um fato antigo". "No lamaísmo, essa teoria das funções é desenvolvida de forma significativa. Nele, é chamada de 'mandala'." Tudo isso é uma reformulação de pontos de vista que Jung já havia exposto alhures, mais notoriamente em *Tipos Psicológicos* (1921), mas aqui em termos leigos e de uma forma facilmente acessível, e como tal já é uma valiosa adição à obra junguiana, ou mesmo, com apenas um leve exagero, um *Jung para Iniciantes* por ele próprio. Além disso, entretanto, também encontramos fragmentos, trechos e apartes que podem abrir novas perspectivas. Por exemplo, ele introduziu ainda outra "função" que é particularmente característica da consciência e "um fenômeno cultural distinto": "a função da faculdade volitiva [*Willensvermögen*], em suma, a *vontade*. Se estivesse em pé de igualdade com as outras funções, poderíamos chamá-la de quinta função, mas é melhor vê-la como uma função central e superordenada do eu. Ela reflete o fato de que certa quantidade de energia encontra-se livremente disponível na consciência, como uma divisão móvel ou unidade de reserva. Esta energia psiquicamente disponível está à disposição da consciência".

Jung então se voltou para uma discussão mais detalhada sobre o chamado inconsciente, pessoal e coletivo. "Inconsciente" significa simplesmente "aquilo que não conhecemos". "Nem mesmo é possível provar que essas coisas existem quando estão no inconsciente, pois o caráter essencial deste último é que ele é desconhecido." O inconsciente é, portanto, "um conceito-limítrofe negativo, que indica: é escuro lá. Não temos conhecimento do que realmente acontece lá. Postulamos, no entanto, que as coisas das quais não estamos conscientes neste momento, de alguma forma, existem". Quanto à sua distinção entre inconsciente pessoal e coletivo, ele afirmou que "não há nada de mítico nisso, pois é na verdade uma ideia muito prática". "O inconsciente compreende evidentemente processos psíquicos que ou já se perderam da consciência e foram esquecidos, ou que ainda não existem e ainda não nasceram." "O que emerge do inconsciente pessoal é 'relativo exclusivamente a mim'; o que emerge do inconsciente coletivo são questões relacionadas à humanidade em geral e, portanto, não só a mim nesse sentido." "[O] aspecto pessoal delas é apenas uma metáfora." No intuito de preencher uma lacuna em suas exposições anteriores, ele forneceu um mapa detalhado da diferenciação e estratificação do conteúdo, em particular no que diz respeito às diferenças culturais e às chamadas raciais.

Segue-se uma exposição de métodos para tornar acessível o conteúdo do inconsciente. Desde cedo, Jung buscou métodos adicionais para fazê-lo, além da "única regra que a psicanálise coloca neste caso é: deixar o paciente falar sobre o assunto que ele quiser", porque, além das resistências conscientes, o fato de o paciente "falar sem nada dizer [isto é: não falar objetivamente, *danebenreden*] não significa que o paciente esteja *conscientemente* escondendo certos conteúdos dolorosos, mas pode ser algo inconsciente. [Nesses casos,] o analista é obrigado a utilizar certos recursos. Um deles é o experimento de associações [...] Um segundo recurso, que é, na verdade, o instrumento próprio da psicanálise, é a análise dos sonhos" (OC 4, §§ 532-533). E foi exatamente isso que Jung fez nessas palestras, ao fornecer uma exposição detalhada desses meios.

Assim, ele se voltou primeiro para o experimento de associação e o método psicogalvânico, com muitos exemplos, incluindo seu uso para *Tatbestandsdiagnostik* ou diagnóstico de evidências na investigação forense, ou como um relato detalhado do estudo de associações em famílias permite revelar a estrutura psíquica dessas famílias, o *spiritus familiaris*. Tudo isso é mais uma evidência, aliás, de como essas pesquisas permaneceram importantes para ele e quão úteis ele continuou a considerá-las para fins didáticos.

"A principal descoberta" desses experimentos foi "o *insight* sobre a existência de complexos". "Os complexos devem ser levados a sério, eles têm energia dinâmica, vivem em nossa psique e parecem ser coisas ruins; no entanto, são esses mesmos complexos que nos levam ao nosso destino." Ou: "Os complexos são, por assim dizer, nossos fantasmas familiares". E: "Pois o complexo tem a característica desagradável de que sempre fazemos o que nos fascina, o que induz, assim, a uma espécie de círculo vicioso". É possível, no entanto, que "os complexos possam desaparecer ao se adotar em certas soluções [...] por meio de expiação ou confissão, seja pelo paciente retomando um estilo de vida razoável, seja por sua reintegração à comunidade". "Há ainda outra maneira de se livrar de um complexo, a saber, entrar em algum tipo de continuidade que comete o mesmo pecado."

Gradualmente, porém, Jung veio a perceber que uma medida quase objetiva dos complexos, com o cronômetro na mão, por assim dizer, não é possível. A resposta do sujeito depende do que ele pensa de que se trata e de quem está perguntando. Uma experiência grave e embaraçosa para Jung deve ter sido sua opinião de especialista no julgamento de Hans Näf em novembro de 1934, acusado de assassinar a esposa[11], no qual Jung concluiu, com base no *Tatbestandsdiagnostik* obtido por meio do experimento de associação que havia conduzido com ele, que "a situação psicológica do indiciado, revelada pelo experimento, não corresponde de forma alguma ao que se esperaria empiricamente de uma pessoa cônscia de

---

11. As informações a seguir são baseadas na pesquisa de Martin Liebscher (*in* Jung & Neumann, 2015, pp. 81-82).

sua inocência" (OC 2, § 1388). Näf foi considerado culpado e condenado à prisão perpétua. Jung até usou esse caso, em uma entrevista ao *Daily Mail* em 1935, como evidência da solidez de seu método. Um novo julgamento em 1938 revelou, no entanto, que Näf era de fato inocente das acusações, o que resultou em sua absolvição. O fato de o experimento não ser uma medida objetiva certamente contribuiu para que Jung se afastasse dele – embora continuasse, como o faz aqui, a usá-lo para fins didáticos – e, em vez disso, se concentrasse na análise psicológica.

O semestre – e o livro – termina com uma visão geral do tema dos sonhos e o estudo de vários deles. "Ocorreu-me desde cedo que os sonhos são simplesmente complexos." Ambos representam "uma invasão do inconsciente". Os sonhos "são na verdade como experimentos de associação virados do avesso. Nesses experimentos, temos palavras-estímulo que atingem o complexo e o fazem emergir, enquanto os próprios sonhos produzem as palavras-teste [...] Se você enfatizar essas palavras e certos temas que muitas vezes se repetem em sonhos, é realmente revelador quando você pergunta: 'O que vem à sua mente sobre isso?'"

Isso é reminiscente do método de livre associação de Freud, mas com uma diferença crucial. Enquanto o analisando freudiano é solicitado a associar continuamente, a "seguir em uma tangente", como se fosse em uma sequência, unindo os pontos (de A a B, de B a C, de C a D, e assim por diante), na expectativa de que as associações eventualmente levassem ao significado *oculto* do sonho, um postulado X, que havia sido *distorcido* e tornado ininteligível pelos mecanismos de censura e processo mental, Jung começou usando a "associação controlada". O sonhador é solicitado a abordar os padrões e imagens de um sonho de maneira circumambulatória, por assim dizer, e não os perder de vista, porque eles não são distorções ou "formações de pacto" entre forças opostas dentro da psique. Segundo Jung, os sonhos são "produtos espontâneos da psique inconsciente. São pura natureza e, portanto, de uma verdade genuína e natural". Representam um "comunicado ou mensagem da psique inconsciente e oniunitiva da humanidade" (cf. OC 10/3, §§ 317-318). Mas "a natureza não é por si só um guia", como ele observou alhures, "pois não existe em função do homem. [...] Os navios não são conduzidos pelo fenômeno da agulha magnética. É preciso fazer da bússola o guia". Assim, os produtos do inconsciente, como os sonhos, devem ser usados "com a necessária correção consciente que, aliás, temos que aplicar a todo fenômeno natural, para que possa servir aos nossos objetivos" (OC 10/3, § 34).

A "bússola" que ele deu aos seus ouvintes parece bastante simples: "Um sonho deve sempre ser anotado de imediato; caso contrário, inevitavelmente mentimos para nós mesmos. O melhor é anotá-lo em uma folha de papel dividida em três colunas: a primeira coluna é para o texto; a segunda para o contexto, ou seja, comentários sobre a palavra-chave e associações que temos com ela, como se fosse uma palavra-complexo. Na terceira coluna, podemos observar a interpretação. Esta é a maneira de trabalhar em um sonho humildemente, por conta própria, quando não há nenhum analista talentoso disponível para fazê-lo".

Decifrar sonhos, ler e aceitar a mensagem do inconsciente, no entanto, não é apenas um jogo de salão. As palestras terminam com a análise de um sonho em particular, cuja interpretação "não esclareceu o sonhador. Ele não aprendeu nada com ela e se recusou a aceitar minha explicação desse sonho. Então, infelizmente, continuou seguindo suas ambições e uma situação desastrosa se seguiu". Obviamente, havia mais a ser dito sobre o assunto, e assim Jung começou o terceiro semestre seguinte dizendo: "Aqueles de vocês que assistiram às palestras do último verão devem se lembrar de que elas trataram dos métodos para revelar o íntimo da psique humana. Falamos do método de associação de palavras, combinado com respiração, do método psicogalvânico e, finalmente, da análise dos sonhos. Este semestre seguiremos o mesmo caminho e estudaremos a psicologia dos sonhos. A investigação da psique interior é uma possibilidade prática para os médicos; é a investigação do motivo desconhecido. Não basta saber que uma coisa existe, é preciso saber o que ela é e tudo sobre ela. A psique humana é o objeto mais importante de todos".

É a essa busca que Jung dedicou seu trabalho ao longo da vida – cujo conjunto total, até aquele momento, ele estava pronto para transmitir a um público geral de "pessoas instruídas" nessas palestras, em uma universidade de prestígio. Bem-vindo ao que ele poderia chamar de suas próprias *Conferências de introdução à Psicologia Analítica*.

# As palestras

# Palestra 1

*20 de abril de 1934*

Pela minha experiência[12], em geral, foram os termos básicos que causaram dificuldade. Por isso, decidi discutir assuntos mais simples neste semestre, ou seja, termos e métodos básicos, com a ajuda dos quais espero lhes explicar como surgiram as noções com as quais trabalho.

Na psicologia, entramos em um campo incrivelmente vasto e controverso. Ela difere assim de outras ciências, cujos limites são mais ou menos delineados. O campo conhecido como psicologia é completamente ilimitado, e pode-se até chamá-lo de vago e nebuloso. Um fato muito significativo a esse respeito é que a cada ano uma universidade americana publica um grosso volume intitulado *Psicologias do ano tal*, por exemplo de 1932 ou de 1933. A cada ano, há uma série de "psicologias"[13]. Se um sujeito tiver viajado um pouco pelo mundo e conhecido vários povos, nações e universidades, ele adquire a impressão de que a psicologia consiste na soma de declarações de fé individuais, e não em um sistema. Agora, cada uma dessas declarações quer excluir as outras e ser a única a proclamar

---

12. Ou seja, no semestre anterior (Jung, 2020).

13. Jung aqui repete uma questão que ele também havia levantado no início do primeiro semestre (ver 2020, p. 102 e nota 58). A série foi editada por Carl Murchison e publicada pela Clark University Press. O primeiro volume rastreável é de 1925 (Murchison, 1925).

a verdade universalmente válida. Por mais compreensível que seja tal desejo, às vezes, porém, tais convicções são exageradas.

Na psicologia, afinal, existem muitas visões pessoais, precisamente porque há um número infinito de aspectos. Por exemplo, as pessoas geralmente tendem a considerar a psicologia um assunto pessoal. A pessoa é dotada de uma certa psicologia, uma certa disposição, isto é, ama isso ou odeia aquilo, e assim por diante. A psicologia, no entanto, trata antes de tudo do que é válido de forma geral. Lida com o que é conhecido como psique ou alma. Tudo o que é feito e realizado pelo homem, em última análise, acaba por retornar a isso. *Tudo* já foi psíquico, não há nada que não tenha sido psíquico antes, como a imaginação de um artista ou de um engenheiro. Pegue uma ponte ferroviária, ou uma obra de arte – ou mesmo este púlpito.

Tudo o que aprendemos e experimentamos é a princípio psíquico. A única coisa que é imediatamente dada e perceptível é algo psíquico, isto é, uma imagem psíquica. Esta é a primeira e única base da experiência. "Eu sinto [*empfinde*]" é a primeira verdade. A realidade – isto é, o que chamamos de real – é a realidade de nossa sensação. Num primeiro momento, a sensação é o que é real e o que nos transmite o caráter da realidade em primeiro lugar.

Há, é claro, um mundo exterior, isto é, coisas que existem além da psique. Obviamente, eu não iria tão longe a ponto de afirmar um solipsismo que considera tudo como psíquico[14]. E, no entanto, tudo o que experimentamos é psíquico. Se, por exemplo, você vê luz, então isso é algo psíquico, pois não há luz "em si", nem há som. Eles existem apenas no cérebro, e a aparência deles lá desconhecemos. Só temos conhecimento de um processo complicado do qual não temos consciência.

---

14. Solipsismo: teoria na filosofia de que a própria existência é a única coisa real ou que pode ser conhecida com certeza.

Na verdade, precisamos de aparatos complexos para determinar o que é aquela coisa que soou em nossa cabeça ou ofuscou nossos olhos.

A psicologia é, portanto, a ciência daquilo que ocorre diretamente. Todo o resto nos é dado apenas indiretamente. Quando você se queima, por exemplo, ao tocar um ferro quente, esse processo não é de forma alguma simples, mas altamente complicado. Nossos nervos devem ser afetados etc., para registrar em nosso cérebro uma impressão que chamamos de dor. A forma como essa dor parece estar em um nível mais abaixo, ou seja, quando ainda está localizada no nervo, nos escapa completamente. Não é de se admirar, então, que a psicologia aborde uma série de outras ciências: pedagogia, medicina, filosofia, história, etnologia, misticismo, arte, filosofia da religião e assim por diante, bem como parapsicologia.

Consequentemente, mal-entendidos e preconceitos não apenas são possíveis, como acontecem o tempo todo. Como a psique é um dado imediato, todos acreditamos que seja o dado em si. Devemos trabalhar muito em nós mesmos para perceber que nossa própria experiência da psique não é *a* experiência geral.

Alguns tentam restringir a psicologia, porque tal amplitude do conceito lhes parece estranha. Às vezes, a psicologia é, portanto, confinada à teoria da atenção, volição, consciência ou afetos – servindo para explicar, por exemplo, por que as pessoas se amam e se odeiam, por que são anormais ou normais, ou como alguém pode ser bem-sucedido e assim por diante. A psicologia médica também é, via de regra, limitada à psicologia das neuroses e, consequentemente, sua validade também é limitada. Mas a psicologia é, antes de tudo, um fenômeno geral, porque a psique é antes de tudo um fato geral e dado.

Aqui, no entanto, devo imediatamente chamar sua atenção para um fato paradoxal. Embora a psique seja, primeiramente, um fenômeno geral, é, por outro lado, uma questão muito pessoal. O indivíduo é a unidade viva, pois não há outra vida além da vida individual. Portanto, é claro que também seria possível propor: a psicologia é o que é dado individualmente. Isso é uma antinomia, mas em psicologia não podemos avançar a menos que aprendamos a difícil arte do pensamento paradoxal.

Primeiro, e acima de tudo, a psicologia encontra expressão na linguagem, nas convicções sociais e religiosas e nas instituições. Somos altamente dependentes do idioma que falamos. Quase se poderia identificar o idioma com a psique. Assim, dependemos tanto do idioma quanto de pré-condições morais ou religiosas – e não apenas daquelas que compartilhamos. Há pré-condições tácitas das quais não temos consciência alguma, às quais podemos até nos opor e que, no entanto, nos influenciam, sobretudo, nosso meio e nossa hereditariedade psíquica; além disso, existem pressupostos sociais, políticos, geográficos e etnológicos. Na verdade, o solo e o clima influenciam não apenas a psique, mas também nossa anatomia ou, no mínimo, nosso comportamento.

Isso pode ser constatado principalmente pela observação dos filhos de europeus nascidos em solo estrangeiro, por exemplo, nas colônias. É um fato tão universal que as crianças inglesas nascidas nas colônias são chamadas de "colonos", o que significa que algo "não está certo" com elas. Em algumas circunstâncias, essas influências podem dominar totalmente um indivíduo. Isso, é claro, é uma imponderabilidade.

Lembro-me, por exemplo, de uma família com sete filhos em Nova York. Uma dessas crianças nasceu em Frankfurt am Main[15], uma verdadeira garota alemã que podia ser identificada como tal a cinquenta metros de distância. Quatro crianças

---

15. Aparece assim em Sidler. Hannah: "sete filhos, quatro dos quais nasceram em Hamburg [*sic*]" (p. 94). Esta anedota está faltando em Schärf.

haviam nascido em Nova York e eram, sem dúvida, americanas. Se me perguntassem, no entanto, como eu poderia detectar a diferença, eu não saberia dizer como "um americano deve ser". Outro exemplo: uma foto publicada em um jornal alemão, retratando políticos americanos que foram nomeados chefes indígenas. "Agora, quem é o indígena?" Ou, uma noite, passei por uma grande fábrica em Buffalo. Não fazia ideia, eu disse, que havia de fato tantos indígenas nesta área! De jeito nenhum, disse-me um médico americano, não há sequer uma gota de sangue indígena americano neles, são todos descendentes de tchecos, poloneses, alemães, italianos etc. Mas o *habitus* tem um caráter muito distinto, absolutamente inconfundível. Se isso escapa a um psicólogo, sugiro nomear um assistente de vendas de uma grande loja de departamentos para a cátedra de psicologia, pois essas questões são, obviamente, as que importam. Imagine tratar um inglês como se fosse francês! E vice-versa, alguém cumprimentaria um francês com "Hello boy"[16]?

O professor Boas mediu os crânios de imigrantes e de seus filhos na Universidade de Columbia, em Nova York. Ele descobriu que os formatos de seus crânios haviam mudado na direção do tipo ianque[17]. Ora, se até o corpo muda, vocês podem imaginar que naturalmente a alma também muda,

---

16. Esta expressão está em inglês nas notas.

17. Versões ligeiramente diferentes das anedotas sobre os trabalhadores em Buffalo e a família de imigrantes alemães em Nova York, bem como um relatório sobre as investigações de Boas, também podem ser encontradas em "As complicações da psicologia americana" de Jung (OC 10/3, §§ 948-949) – Jung conheceu Franz Boas (1858-1942), um dos pais da antropologia moderna, em 1909, no vigésimo aniversário da Clark University em Worcester, onde Boas, junto com Jung e Freud, esteve entre os palestrantes convidados (cf. Skues, 2012). A partir de suas investigações entre 1908 e 1910 sobre a forma corporal dos descendentes de imigrantes, ele concluiu que "os descendentes de imigrantes nascidos nos Estados Unidos diferem em tipo de seus pais nascidos no exterior" (Boas, 1912, p. 60). Sobre Boas e Jung, cf. Shamdasani (2003, pp. 276-278).

como observei no caso dos colonos[18]. Todos os imigrantes nas colônias estão, via de regra, em um estado muito estranho, conhecido como "ficar negro", ou seja, eles ficaram com a pele escura por baixo. Quando eu estava na África Central, observava a mim mesmo e meus sonhos com muita atenção para descobrir quando a primeira pinta negra apareceria em mim, além das que eu já tinha [...][19]. Com alguma experiência, dá para dizer quando alguém ficou negro. Ao entrar na casa de tal homem, nota-se imediatamente que a toalha da mesa tem marcas, a louça está lascada e quebrada, os quadros estão tortos e ele se sente bastante desconfortável – como um leão andando de um lado para o outro em sua jaula. Tal homem não será capaz de encará-lo diretamente nos olhos; ele os apertará, olhará em volta nervosamente e já terá aquele movimento oscilante de olhos dos negros. Estes não conseguem olhá-lo nos olhos, provavelmente por medo do mau-olhado. Estamos lhes lançando um mau-olhado porque *nós* somos capazes de encarar alguém, e é por isso que os europeus têm má reputação, porque apenas seus curandeiros podem fazer isso.

Esperei muito tempo[20], sem perceber qualquer coisa, até estar no mato pela primeira vez, em plena selva, "a 1.600 quilômetros

---

18. Sidler tem a seguinte citação aqui, obviamente algo que Jung recontou como lhe foi dito: "Por que, pelo amor de Deus, você quer estudar a psicologia desses Niggers [*sic*], porque eles não têm nenhuma. Estude a nossa, é muito mais interessante".

19. No fim de sua estada no norte da África, em 1920, Jung teve um sonho que foi, para ele, "o primeiro indício de 'ficar preto por dentro', um perigo espiritual que ameaça o europeu na África, longe de suas raízes, em uma extensão não plenamente compreendida", uma "experiência arquetípica". O sonho expressava o conflito de Jung entre "sentir-me superior porque me lembrava a cada passo de minha natureza europeia" e "a existência de forças inconscientes dentro de mim que me levariam a imitar aqueles estranhos" (Jung, 1962, pp. 273-274). Cf. OC 10/3, §§ 97, 962, 967.

20. Ou seja, por sinais em si mesmo de "ficar preto".

de qualquer lugar"[21]. Dois de nós, europeus, fomos dar uma volta. Eu levava comigo uma nova espingarda para elefantes e meu companheiro estava armado com um Colt pesado, e assim fomos explorando a área como se fôssemos botânicos. Logo tive a estranha sensação de que algo estava errado com meus olhos, então limpei as lentes dos óculos. Observei-me atentamente e concluí que meus olhos estavam piscando. Não consegui encontrar nenhuma causa orgânica, mas toda vez que meus olhos olhavam ao redor, o piscar voltava a se manifestar. Então, estabeleci a teoria de que meus olhos estavam evidentemente procurando por algo. Duvidei um pouco dessa teoria, no entanto, até que alguém a confirmou. Outro amigo, um americano, saiu para caçar galinhas-d'angola. A área era coberta por formigueiros. Enquanto caminhava, não reparou numa mamba-verde de mais de dois metros, uma espécie de naja, uma das poucas serpentes que ataca seres humanos à noite, e quase foi morto por ela[22]. A cobra estava deitada ao sol em cima de um formigueiro. O sol estava batendo forte, que é quando elas ficam particularmente perigosas. Na verdade, ela pretendia ir atrás do negro, mas ele percebeu. Agora, se os olhos do americano tivessem piscado da mesma forma, ele também teria notado a cobra. Isso tem a ver com as condições locais prevalecentes naquele estranho país, onde é preciso estar atento a tudo, o tempo todo. Assim, influências características

---

21. Esta expressão está em inglês nas notas.

22. Isso aconteceu com George Beckwith, que acompanhou Jung, junto com Helton Godwin "Peter" Baynes e Ruth Bailey, na chamada Expedição Psicológica Bugishu Buguinho. Em "O homem arcaico", Jung relatou os eventos daquele dia: "No espesso capim quase pisei numa víbora. Ainda consegui saltar por cima dela a tempo. Após o meio-dia, meu companheiro voltou da caça à perdiz, pálido como um defunto e tremendo dos pés à cabeça. Escapara de ser mordido por uma cobra mamba, de sete pés de comprimento, que o atacou por trás, saindo de um formigueiro. Certamente teria morrido se não conseguisse, no último momento, ferir o animal a poucos passos dele. Às nove horas da noite, nosso acampamento foi invadido por um bando de hienas famintas [...] Esse dia deu aos nossos negros muito o que falar" (OC 10/3, § 126).

surgem de tais condições. Há, é claro, também outras coisas que podem provocar esses efeitos.

Um dos preconceitos mais comuns contra a psicologia é que ela é uma espécie de livro de culinária que fornece receitas de como se deve fazer as coisas. Há uma foto em uma revista americana, mostrando uma mãe que pegou seu filho no colo para castigá-lo e teve que segurá-lo lá enquanto encontrava o ponto certo em seu livro sobre educação para ver o que fazer a seguir! Entretanto, a psicologia não é uma questão arbitrária, e, sim, uma fenomenologia, uma sintomatologia, que trata de um grande número de fatos. Mas é extremamente difícil aceitar esses fatos como realmente são, porque muitos deles, na psicologia, são absolutamente tentadores, fazendo-nos pensar: "Isso não deveria ser assim! Deveria ser diferente!", porque nós mesmos somos diretamente afetados e, na maioria das vezes, chegamos a um julgamento bastante incorreto. Assim, logo em nosso primeiro contato com tais assuntos, formamos certos julgamentos.

Outra dificuldade na psicologia é a representação de seu material. Muitas vezes, temos que descrever certos fatos ou eventos e devemos recorrer à linguagem comum e cotidiana para fazê-lo. A imagem resultante pode nos contentar, mas não à pessoa a quem estamos contando. Na verdade, deve-se contar a cada pessoa certos fatos em *sua própria linguagem*[23]. Caso contrário, nunca se pode ter certeza de ser entendido corretamente. A realidade é que as coisas parecem diferentes para cada pessoa.

Nossa linguagem é incrivelmente deficiente em descrever nuances psicológicas. O francês, por exemplo, não é adequado para a psicologia, pois tem termos e conceitos muito claros, mas é ideal para a jurisprudência, pois não dá margem a

---

23. Novamente, Hannah difere ligeiramente: "Deve-se realmente descrever cada um desses fatos em sua *própria* linguagem" (p. 95).

interpretações. Na psicologia, no entanto, há muita margem para interpretações e, na verdade, deve ser assim para que o entendimento necessário possa ser alcançado. O inglês é mais adequado, particularmente aquelas palavras derivadas do anglo-saxão. A língua alemã é muito boa; ainda é tão pouco desenvolvida e inespecífica, embora se diga que os alemães são a nação dos poetas e pensadores. Assim, o alemão não é uma boa língua para a filosofia, mas é excelente para a psicologia, embora os alemães sejam psicólogos muito ruins, como prova sua história política. A língua escrita chinesa provavelmente é mais adequada ao nosso propósito porque ainda tem sinais e hieróglifos e porque você pode atribuir seu significado especial a cada sinal. Isso pode ser visto melhor nas traduções de Laotse King[24]; os hieróglifos são tão versáteis que muitas coisas podem ser discernidas deles.

Menciono isso porque na psicologia encontramos uma dificuldade que recentemente também intrigou um inglês[25]. As verdades psicológicas fundamentais nunca podem ser expressas em termos nitidamente delineados. Um termo psicológico adequado é inteiramente indeterminado, mas é igualmente capaz de transmitir algo importante. Quanto mais nítido for um termo psicológico, menos ele designa; consequentemente, também é muito mais incorreto, pois nada

---

24. *Sic* em Sidler, faltando em Hannah; obviamente, uma condensação do nome de Lao Tze, um antigo sábio chinês cuja identidade não foi estabelecida com segurança, e o *Tao te Ching*, do qual ele é tradicionalmente considerado o autor ou compilador e que descreve o *Tao* como a fonte e o ideal de toda a existência e defende o estado de *wu wei*, literalmente "não ação" ou "não agir". Jung descreveu este último como "o não fazer dos chineses, que não é a mesma coisa que fazer nada" (Jung, 2000, p. 252).

25. Sidler então anota, entre aspas, o início de uma passagem que Jung obviamente citou daquela fonte sem nome, mas a anotação então se interrompe no meio da segunda frase, obviamente porque ele não conseguia mais acompanhar o que Jung dizia. Aqui, a essência da citação é dada sem aspas. A fonte da referência não pôde ser identificada.

na psique é simples. Toda entidade psicológica é sempre um assunto extremamente complicado e muito complexo. Nada psíquico pode ser isolado. Se lhe parecer que você foi capaz de isolar um processo psíquico, tenha certeza de que matou a vida psíquica nesse processo.

Agora, poderíamos simplesmente nos render e dizer que nada mesmo pode ser feito quanto à psicologia. Mas este não é o caso; a questão é que a tarefa é especialmente difícil. Precisamos aprender a arte de criar termos que, sejam bastante genéricos e indeterminados, e ainda assim possam transmitir algo. Essa peculiar complexidade das questões psíquicas pode ser vista na própria linguagem, em palavras como "coragem"; "água"; ou "bom, melhor". Vocês não têm ideia das múltiplas conotações que essas palavras carregam. "Bom, melhor"[26] – isso parece tão simples e, no entanto, cada uma dessas palavras remete a uma história longa, possivelmente milenar. Elas contêm as palavras primordiais que continuam a repercutir. Há muito que repercute neste comparativo: "bom" – "melhor". "*Better*" (melhor) deriva de "*bad*" (ruim), *bat* ou *bass* do alto-alemão antigo, que significa "bom" (como em *fürbass gehen*, caminhar, avançar vigorosamente). Em anglo-saxão, seu significado virou o oposto. E isso ainda repercute, de modo que quando pronunciamos a palavra "bom" e também queremos dizê-la com sinceridade, o termo ainda vem impregnado de uma leve dúvida. Muitas vezes, a história de uma palavra contém secretamente seu significado oposto, e, se isso não repercutir de alguma forma, o termo ou conceito está incompleto, assim como um músculo que age em oposição ao movimento específico gerado pelo músculo agonista: quando você alonga ou dobra o braço, deve ao mesmo tempo estimular os nervos do músculo oposto.

---

26. A segunda vez que Jung cita esse comparativo e superlativo, ele o faz em inglês.

O mesmo se aplica à noção de uma determinada palavra, que também contém secretamente seu significado contrário[27].

Por exemplo, nenhum francês instruído pode falar de *Pucelle d'Orléans*[28] sem pensar que *pucelle* também significa "prostituta". Ele não consegue, no entanto, lembrar que *pucelle*, do italiano *pucella*, originalmente significava "pequena pulga". Estas são transformações *enantiodromáticas*. O termo *enantiodromia* vem do nosso velho amigo Heráclito[29] e significa "ir um contra o outro", "ir de encontro ao seu oposto": assim, o frio ao quente, o quente ao frio, o alto ao baixo, o baixo ao alto. Esta lei da enantiodromia desempenha um papel particularmente significativo na psicologia.

O vocábulo alemão *Seele* e o inglês "soul" [alma] têm uma estranha etimologia. Derivam do protogermânico *seivalo* e do gótico *seivala*. Estão etimologicamente ligados à palavra grega relacionada *aios*, "brilhar em cores ofuscantes". Éolo, ou Aeolus em latim, o poderoso movedor, é o deus grego dos ventos. Agora, essa palavra praticamente desapareceu na palavra "*soul*", e apenas o eslavo antigo ainda conserva uma palavra relacionada[30].

27. Jung não menciona isso aqui, mas em 1910 – no auge da colaboração e amizade entre eles – Freud publicou um artigo, "A significação antitética das palavras primitivas", no qual ele chamava a atenção justamente para essa "existência de significações contraditórias primitivas" das palavras (1910, p. 159), em parte usando os mesmos exemplos de Jung, por exemplo, "Nosso '*bös*' ('ruim') combina com a palavra '*bass*' ('bom')" (1910, p. 159).

28. A Donzela ou Virgem de Orléans: isto é, Joana d'Arc.

29. Jung atribuiu repetidamente a Heráclito a cunhagem desse termo. Embora o conceito esteja de fato de acordo com a filosofia deste último, o termo em si não foi usado por Heráclito nos textos existentes, mas apareceu pela primeira vez em um resumo posterior de sua filosofia por Diógenes Laércio.

30. O fidedigno *Deutsches Wörterbuch*, de Jacob e Wilhelm Grimm (1854-1960), afirma que nem a origem da palavra nem sua relação com outras palavras é clara (*von noch nicht aufgeklärter Herkunft und Verwandtschaft*). A etimologia contemporânea liga *Seele*, alto-alemão antigo se(u)la, *saiwala* gótico, "soul" em inglês com *See* (lago), significando "aquele que pertence ao lago". Na mitologia germânica, as almas dos nascituros e dos mortos moravam na água (*Duden, Herkunftswörterbuch der deutschen Sprache*).

A palavra grega para vento no Novo Testamento é *pneuma*. Em árabe, o vento também tem o significado de espírito. O alemão *Geist* deriva de *ufgeistia*, suíço-alemão *ufgeisten*, estar excitado ou comovido, estar desnorteado, absolutamente fascinado, portanto, em um estado emocional altamente estimulado. É semelhante no milagre de Pentecostes[31]: veio um vento impetuoso, como um gêiser, e as pessoas acreditavam que os discípulos estavam embriagados porque falavam em línguas estrangeiras; daí, uma violenta erupção de vento semelhante a um gêiser.

Na lenda antiga, Éolo é descrito como um deus que vive em uma ilha semelhante a uma montanha e empunha um instrumento em formato de lança. Há uma caverna na montanha, na qual os ventos são capturados. De vez em quando, ele atiça a montanha com sua lança, e assim libera um vento mau. Isto é, precisamente, *ufgeisten*, ou seja, induz a um estado de entusiasmo e excitação. O deus que governa este estado é Éolo, o deus da alma. A alma é o fenômeno que resulta de manter esses poderes do vento mau dentro de si.

Se vocês viajarem para Verona e visitarem a catedral, verão um ditado em latim que diz: *In patientia vestra possidebitis animas vestras* — "Na vossa paciência possuireis vossas almas".

---

31. At 2.

# Palestra 2

*27 de abril de 1934*

Não há nada simples na psique. Dizem que há testes "simples", mas garanto-lhes que isso não existe. No experimento de associação, por exemplo, as perguntas são bastante simples, mas não as respostas da psique. Por mais fácil que o teste possa parecer, ele ainda esbarra em uma psique complicada. A psique que reage a um teste não é "simples" e responde a um experimento de maneira imprevisível. O sujeito do teste pode parecer muito mais estúpido do que realmente é, por exemplo. Pois é a alma por inteiro que reage, e a alma por inteiro é incrivelmente complicada. Não temos ideia do que emergirá.

Eu poderia pendurar um quadrado vermelho na parede, por exemplo. Todos verão o mesmo objeto e todos concordarão que é vermelho. Mas, embora todos tenham certeza de que parece exatamente a mesma coisa para os demais, todos vemos nele alguma variação individual. Todos nós o percebemos de uma forma altamente específica e característica, da qual podemos não estar cientes. Isso nos leva a uma outra dificuldade, a construção de fatos ou evidências. Temos apenas a linguagem à nossa disposição para realizar essa tarefa, ou possivelmente imagens. Se nos aprofundarmos em um experimento específico, no entanto, veremos que todos veem as coisas de um modo particular. O rei Luís da Baviera[32] contratou vários artistas para pintar o mesmo tema nos jardins de Tivoli, perto de Roma. Cada artista executou o trabalho de acordo com sua percepção geral. Os resultados variaram muito. Para pessoas de fora, alguns dos quadros pareciam muito distantes da realidade, pois neles se mostrava não apenas o objeto, mas o sujeito do artista. O mesmo ocorreu em um seminário jornalístico sobre experimentos com relatos de testemunhas. Um incidente qualquer foi encenado, sendo os alunos instruídos a relatar os fatos do acontecimento[33].

No que diz respeito não aos processos externos, mas aos psíquicos, no entanto, é quase impossível transmitir fielmente os fatos em questão. Nossa capacidade de relatar fatos psíquicos é extremamente limitada; por exemplo, o que quero dizer quando afirmo: "Estou me sentindo bem"? Tal limitação constitui um grande obstáculo. As dificuldades manifestadas nesse sentido estiveram entre os motivos que levaram ao reconhecimento do inconsciente como fator interferente. Algo inconsciente pode entrar em todos os lugares sem que tenhamos consciência disso, embora um observador externo possa registrá-lo. Além da consciência, existe uma área indeterminadamente grande de processos inconscientes, que podem entrar a qualquer momento, sem que tenhamos noção.

Este inconsciente está presente o tempo todo, não apenas quando algo especial ocorre. É, de qualquer modo, muito mais persistentemente vivo do que a consciência. Passamos um terço

---

32. Provavelmente não Luís II (1845-1886), o excessivamente excêntrico "Rei Cisne" que encomendou, entre outras, a construção do fantástico Castelo de Neuschwanstein, mas Luís I (1776-1868), que reinou de 1825 a 1848 e ficou conhecido por seu patrocínio das artes.

33. No início de sua carreira científica, Jung escreveu vários artigos sobre o diagnóstico psicológico de fatos ou eventos, com base em seus experimentos de associação (cf. OC 1 e OC 2).

de nossas vidas dormindo – isto é, em um estado inconsciente –, enquanto os dois terços restantes vivemos apenas mais ou menos conscientes. Como vocês sabem, há pessoas que só estão devidamente despertas após as dez horas da manhã; outras só ganham vida depois das quatro da tarde, e talvez apenas por meras duas horas. A consciência necessita de esforço, exige energia e trabalho, e por isso nos cansa. Consequentemente, caímos em um certo estado de sonho sempre que podemos ou quando nada está acontecendo. Ainda, algumas pessoas são capazes de observar seus pensamentos enquanto estão nesse estado, mas a maioria não é.

Esta é a condição primordial da humanidade. Os primitivos passam a maior parte de suas vidas neste estado. Ficam à toa e "sonham". Nós presumimos que estão pensando, mas longe disso! Um primitivo ficou muito aborrecido quando lhe perguntei sobre o que ele estava pensando, porque acreditava que uma pessoa que está quieta e então se envolve em pensamentos é louca[34]. Na realidade, porém, todo tipo de coisa está acontecendo dentro dele neste estado crepuscular, embora ele não esteja ciente disso. O inconsciente está constantemente sonhando. Neste exato momento, por exemplo, enquanto estamos todos ouvindo esta palestra, estamos todos simultaneamente sonhando, cada um de nós sonhando seu próprio sonho, mas cada um de nós no escuro e abaixo do limiar.

Eu poderia, por exemplo, cometer um lapso ou uma determinada palavra não me ocorrer. Este é um sintoma da minha consciência planando sobre um abismo no inconsciente enquanto eu falava. Se eu focasse minha consciência

---

34. No semestre anterior, Jung havia contado a mesma anedota assim: "Quando um primitivo adotou uma posição como a do 'Pensador' de Rodin, perguntaram-lhe: 'No que você está pensando?'. Ele pulou furiosamente e exclamou: 'Mas eu não estou pensando em nada!'" (2020, p. 225).

nisso, poderia observar o evento e então contar a vocês sobre ele. Ser capaz disso, no entanto, requer um certo treinamento, e nem todos conseguem fazê-lo. Uma incrível variedade de coisas que eu sei está presente a cada momento, mas é excluída da consciência. Essas coisas estão inconscientes e, do ponto de vista da consciência, em estado de sono. Na realidade, o inconsciente não está dormindo, mas trabalhando ativamente. Na verdade, sou completamente dependente desse trabalho do inconsciente e do fato de ele colocar na minha boca as palavras de que preciso. Se deixasse de colaborar, todos ficaríamos envergonhados porque nossas mentes ficariam em branco. O que nos passa pela cabeça ou nos "ocorre"[35] provém do inconsciente.

Nossa consciência é, portanto, muito limitada. É estreita e não consegue lidar com muitas coisas ao mesmo tempo. A clareza total dos conteúdos só é possível em um estado de consciência focada. Quanto mais focada está a consciência, menor é o número de seus objetos. Quando relaxa um pouco, a quantidade de conteúdos pode aumentar, mas eles não serão mais tão distintos. Quando houver muitos desses objetos na consciência, ela se tornará achatada e suas representações serão niveladas. O estado maníaco, um achatamento das representações, é o principal sintoma de uma certa doença mental, caracterizada por uma incrível enxurrada de ideias e associações, que raramente pode ser observada em pessoas normais.

Assim, via de regra, a consciência normal é demasiado estreita e exclui muitas ideias. Estas devem estar presentes em algum lugar, no entanto. Existem em estado latente, mas ainda podem ser reproduzidas e acessadas. Dessa forma, estamos

---

35. Em alemão, o equivalente a "uma ideia me passa pela cabeça/me ocorre" é *eine Idee fällt mir ein oder ich habe einen Einfall*, que, literalmente significa: uma ideia entra em mim/me invade; sofro uma invasão.

inconscientes de muitas coisas que nos dizem respeito diretamente em um determinado momento, como, por exemplo, a postura de nosso corpo, como andamos ou sentamos, os gestos que fazemos com as mãos, nossa expressão facial e toda uma gama de ações, como ações automáticas. Você está andando por uma rua, as pessoas estão vindo em sua direção e você dá um passo para o lado. E quando chega ao fim da rua você não sabe de quantas pessoas se desviou. Você olha para o relógio, mas não percebe que horas são. Façam um teste e perguntem a alguém que acabou de olhar para o relógio que horas são. A pessoa imediatamente voltará a olhar o relógio[36]. Depois, há coisas das quais nos esquecemos "porque é melhor não serem ouvidas e nem vistas". Outros conteúdos podem ser reproduzidos apenas indiretamente. Isto é, eles fugiram da consciência e foram tão completamente esquecidos que não posso acessá-los por um ato da vontade. Podemos, então, dizer: "Deixe-me pensar nisso com calma mais tarde". Mas a recordação automática indireta também é possível.

Deixe-me ilustrar isso. Um homem sai para dar uma volta e passa por uma fazenda. Quando deixou a fazenda para trás – já percorreu várias centenas de metros –, percebe que está sendo inundado por lembranças muito vívidas da infância. Ele então se recorda de que acabou de passar por uma fazenda e subitamente é tomado pelo cheiro característico de pena de ganso. Acontece que, de fato, toda a sua infância foi impregnada, por assim dizer, pelo cheiro de pena de ganso. Mas sua consciência sabia disso? Não, de jeito nenhum. Esses conteúdos foram evocados inconscientemente. Surgiram indiretamente, depois de alguns minutos, desencadeados pelo cheiro.

---

36. Jung já havia oferecido isso como exemplo de percepção inconsciente na segunda palestra do primeiro semestre (2020, p. 114).

Por fim, há também conteúdos, ou ideias, que nunca surgem e que não podem ser reproduzidos. Isso deve ser tomado como uma metáfora, no entanto, como "algo em que nunca pensei". Se concebermos a alma como consistindo de consciência e inconsciência, também podemos falar de conteúdos inconscientes. Assim, há coisas, e em número considerável também, que ocorreram em nossas vidas e das quais não temos conhecimento. Ninguém pode alegar conhecer sua própria história de vida; conhecemos apenas uma parte muito pequena dela. Muitas vezes, as coisas aconteciam em um momento em que nossa consciência ainda não conseguia perceber seu valor. Talvez tivéssemos consciência delas, mas desconhecíamos seu valor. O inconsciente parece ter um sentido muito bem desenvolvido do valor das coisas. Há muitas coisas que escaparam à consciência, mas foram registradas como importantes pelo inconsciente, e que podem ressurgir posteriormente. Esses fatos são significativos na medida em que tudo o que alguém vivenciou não é irrelevante – mesmo que não tenha vivenciado conscientemente, numa experiência propriamente dita –, mas de fato o afeta em toda sua psique. É absolutamente impossível passar por eventos da vida sem ser afetado.

Peguem dois homens, por exemplo. Um deles leu mil livros, o outro nenhum. O primeiro, no entanto, esqueceu o que leu nesses mil livros, mas ainda será uma pessoa diferente do não leitor, e você poderá identificá-lo imediatamente porque o inconsciente terá registrado o fato.

Foi estabelecido que o inconsciente tem uma memória fabulosa. Há coisas que nunca soubemos, por assim dizer, mas que existiam mesmo assim. Pessoas sonâmbulas, por exemplo, podem registrar inconscientemente tudo o que vivenciam. Isso pode ser comprovado pela hipnose. Lembro-me de uma mulher que foi internada no Burghölzli em estado de sonambulismo. Ela havia arrancado todas as suas roupas e estava completamente nua, enrolada em um cobertor, quando foi trazida pela polícia. Havia esquecido tudo desde o momento em que adoeceu e foi internada. Eu a hipnotizei e lhe perguntei: "A que horas você foi internada?".

"Às oito em ponto."

Então, ela estava completamente orientada.

Um caso famoso de tal *automatisme ambulatoire* foi publicado por Forel[37]. Um cavalheiro de uma respeitada família estava sentado em uma cafeteria lendo uma notícia no jornal sobre um senhor X que havia desaparecido na Austrália. Ele ponderou sobre o assunto e finalmente concluiu ser ele próprio tal pessoa. Afinal, estivera na Austrália. Consultou Forel e se declarou louco. Forel o colocou sob hipnose e deduziu os fatos um a um. Ele foi acometido de dengue na Austrália e caiu em um estado inconsciente, sob o qual comprou uma passagem em um navio. As outras pessoas a bordo notaram apenas que ele era retraído e taciturno e que lia muito. Nesse estado de penumbra, viajou para Zurique e depois leu sobre seu caso no jornal. "Esses casos ocorrem quase que exclusivamente na França", observa Forel. "Parece que o gênero alemão é menos propenso ao teatralismo." Esses casos clássicos são raros, no entanto.

Lembro-me do caso de uma jovem de dezenove anos, diagnosticada como esquizofrênica, que já havia passado um ano e

---

37. O caso era de fato de Forel, mas foi escrito e publicado pelo aluno de Forel, Max Naef (1897). Jung já o havia citado em sua tese de doutorado (OC 1, § 17). Auguste Forel (1848-1931), predecessor de Eugen Bleuler como chefe do hospital Burghölzli e professor de psiquiatria na Universidade de Zurique, foi um eminente psiquiatra e neuroanatomista suíço, assim como um notável mirmecologista. Também é conhecido por suas primeiras contribuições para sexologia e psicologia. Foi um pioneiro da "psicoterapia" e fundamental na introdução da hipnose e da sugestão hipnótica na Suíça. Como resultado de suas experiências em psiquiatria, tornou-se um fervoroso porta-voz do movimento de temperança, banindo o álcool em sua clínica, uma tradição retomada por Bleuler.

meio na clínica. Descobri, no entanto, que toda a sintomatologia deste caso consistia no ato de a paciente escutar o seu interior o tempo inteiro, com tal concentração que não conseguia prestar atenção ao mundo exterior. Tinha pupilas dilatadas, como acontece em todos esses casos. Se alguém conseguisse, no entanto, capturar sua atenção por um instante, suas pupilas mudavam. Isso me encorajou. Sua consciência estava localizada onde temos sonhos, e vice-versa. Isso a enchia de tensão. Ocorreu-me que um drama poderia estar se desenrolando dentro dela, e finalmente compreendi: era uma história emocionante que ela havia vivenciado na lua. A propósito, existe uma estranha relação entre a lua e doenças mentais. Falamos de "lunatics"[38] (lunáticos), isto é, pessoas afetadas por "lunacy" ("loucura"). Então, perguntei à paciente: "Por que você não pode simplesmente me contar essa história? Por que devo me esforçar tanto para extraí-la de você?". "Porque", ela disse, "a história nunca foi – em palavras!"[39].

Existe, afinal, pensamento psíquico para além da consciência, e é exaustivo colocá-lo em palavras. São dramas internos, que não podem ser trazidos à consciência por um esforço deliberado. Só podem ser alcançados por meio de treinamento especial ou hipnose.

Kant fala da esfera das "representações obscuras", que ocupariam meio mundo[40]. Se compararmos agora este mundo inconsciente com nosso mundo da consciência, veremos que a consciência flutua no mundo inconsciente como um disco redondo, ou assemelha-se a uma pequena ilha no oceano. A consciência nunca pode ser igualada à alma; é apenas uma parte, talvez uma parte muito pequena, da alma. A alma é o todo. Se você quer a pessoa inteira, deve sempre esperar também

---

38. Em inglês nas notas.
39. Mais detalhes sobre este caso podem ser encontrados em OC 3, § 571.
40. Cf. Jung (2020, pp. 113, 116-117 e nota 82).

que o inconsciente fale. Com a consciência, você só obtém as intenções mais ou menos boas de uma pessoa. Era, portanto, uma ótima regra entre os estudantes a de que primeiro era preciso alguém ser vítima de uma forte embriaguez para se ver qual personalidade emergia, o que é realmente interessante. A personalidade se altera de maneira visível. Todos os tipos de coisas vêm à tona, o que dificilmente o incentivaria a lidar com essa pessoa – ou, na verdade, exatamente o oposto!

A consciência é para todos os efeitos um órgão, um olho ou um ouvido da alma. Está localizada no cérebro – embora não possamos ter completa certeza disso, já que a consciência dá saltos estranhos. Certa vez, quando discuti isso com um chefe indígena pueblo, fiquei um pouco envergonhado e no momento desejei ter a pele um pouco mais parecida com a de um elefante – pois o homem branco não parece nada atraente na consciência do oprimido. "Os americanos são todos loucos", ele me disse. "Acreditam que é aqui em cima que se pensa, mas é claro que se pensa com o coração!"[41] Mais tarde, os negros me contaram que se pensa com o estômago.

Achamos comovente quando alguém diz que pensa com o coração. Mas se as pessoas vêm e nos dizem que pensam com o estômago, isso não é realmente muito poético. Eles têm essa impressão porque de fato pensam apenas quando algo afeta seus intestinos. No nível dos indígenas pueblo, é o que acelera seus batimentos cardíacos ou faz com que seu coração salte que os faz pensar. O que se passa na mente deles não importa, porque só os doentes pensam com a cabeça! Agora, se você pensa apenas no que acelera

---

41. Jung referiu-se repetidamente a esse encontro com Ochwiay Biano ("Lago da Montanha") (cf. 1962, p. 276), e de fato também havia falado sobre isso, em uma versão um pouco diferente, no primeiro semestre: "[Ele] me disse: 'Os norte-americanos são loucos! Eles dizem que pensamos com nossas cabeças. Mas só gente doida pensa com sua mente: pessoas razoáveis pensam com o estômago!'" (2020, p. 160).

ou desacelera o coração, ou de fato o faz parar, então você está no nível dos Pueblo. Eles pensam apenas no terrível ou no sublime; isto é, tudo menos no comum. As coisas se tornam ainda mais incompreensíveis para nós com os negros. O que vivemos pensando, eles vivem totalmente inconscientemente. O que os faz pensar é o medo, a raiva, o sublime, o numinoso, o poderoso, tudo o que "perturba seu estômago", o que causa icterícia ou dor abdominal. Acreditamos que eles não têm noção da natureza, mas o primitivo reage muito emocionalmente à beleza da natureza.

Certa vez, estava sentado com o filho de um chefe. Havia um zumbido: "É bom e bonito". Os primitivos assim percebem tais questões, mas já devem ter adquirido uma força emocional significativa, caso contrário não alcançarão sua consciência. Isso ainda está latente e, portanto, eles não conseguem pensar logicamente – eles *agem* logicamente.

Isso acontece porque a consciência na medida em que é idêntica ao cérebro, na verdade, é um órgão dos sentidos, porque o cérebro tem uma filiação ectodérmica. O sistema nervoso central se desenvolve no embrião através do dobramento da pele externa, o que provavelmente explica também o caráter meramente perceptivo da consciência. É, portanto, perfeitamente lógico que a psicologia antiga procurasse derivar a consciência das sensações. Condillac, por exemplo, afirmou que toda consciência decorre das sensações e o inconsciente, da consciência[42].

---

42. Jung já havia apresentado o filósofo francês Étienne Bonnot de Condillac (1715-1780) e sua principal obra, *Tratado das sensações* (1754 [1798]), no primeiro semestre: "Condillac aprendeu que toda vida psíquica se origina na sensação [...] [A] alma é totalmente vazia. A mente seria uma absoluta *tabula rasa*" (2020, pp. 125-126). Jung, é claro, refutou isso repetidamente, como também a seguir, na quinta palestra: "Pois a mente não é uma *tabula rasa* nem uma lousa em branco. Cometemos o grande erro de pensar que as crianças nascem como uma *tabula rasa*, mas não é assim" (p.     ).

# Palestra 3

*4 de maio de 1934*

A consciência não é uma condição universal, mas sim um organismo estruturado. Podemos distinguir diferentes funções da consciência. Mesmo que todas essas funções formem um contínuo absoluto quase inseparável, uma ou outra função pode ser destacada, pelo menos conceitualmente. Em essência, a consciência é um órgão perceptivo, pode-se dizer também um órgão de orientação: isto é, um órgão cujos portais sensoriais a ligam ao mundo interior e que conduz o exterior ao interior e vice-versa. Porque o interior não está vazio, da mesma forma que o exterior.

Consideremos agora as funções da consciência que servem à nossa orientação para o interior. Chamemos o interior de "esfera interna"; a "esfera externa" corresponderá então ao mundo visível. A primeira função que encontramos é a função sensação. Serve para a percepção do que é fornecido pelos sentidos. Os sentidos formam órgãos através dos quais o mundo exterior adentra a psique. A psique é um órgão intrincado, que percebe e registra os estímulos providos aos sentidos.

Por definição, a percepção como tal contém apenas sensações: isto é, nada mais do que o estímulo que o objeto desencadeou no órgão do sentido e que é transmitido ao cérebro e à consciência. Aqui estamos, é claro, traçando uma linha artificial, segregando a sensação do *continuum* psíquico. Na realidade, porém, somos completamente incapazes de perceber algo como uma sensação "pura". Pois assim que o estímulo sensorial entra na consciência, ele é acompanhado por um conteúdo psíquico que não se origina nas fontes sensoriais, mas existe *a priori*, isto é, anterior ao estímulo sensorial. Portanto, a sensação pura existe apenas na teoria. Em geral, a sensação é seguida primeiro por um tipo de *pensamento* primitivo, a saber, a questão do que o estímulo sensorial poderia significar. Na experiência prática, isso está ligado à percepção sensorial como tal. É como se nossos olhos já nos tivessem dito o que é aquele objeto. Na realidade, porém, nossos olhos fornecem apenas uma imagem visual, mas não dizem nada sobre o que a coisa de fato é. Só notamos isso se vemos algo e não temos absolutamente ideia alguma do que seja. É a função de pensamento que nos diz o que é. Confrontados com o desconhecido, começamos a pensar e então tomamos consciência do fato de que estamos pensando. Por sua natureza, o pensamento é uma função psíquica associada apenas muito indiretamente ao mundo exterior. Ele pode, mas não precisa, ser ativado por eventos no mundo exterior.

O pensamento é seguido por outra função, o *sentimento*. Quando sabemos o que é uma coisa, isso geralmente evoca um certo sentimento em nós. Ou seja, toda sensação percebida de cujo significado temos consciência é acompanhada por um certo "tom" de sentimento. Certamente, quando isolamos tal tom sentimental, estamos novamente traçando uma linha artificial. Apenas em alguns casos somos capazes de isolar o sentimento, ou seja, quando não sabemos qual é a matéria percebida. Sentir é antes de tudo uma reação da psique em termos de aceitação ou rejeição de uma percepção: em outras palavras, se ela nos causa uma impressão agradável ou desagradável. É uma avaliação: "agradável" ou "desagradável". Já dá para ver pela palavra se o sentimento aceita ou rejeita a matéria. Gostar ou não gostar de uma coisa é o sentimento em sua forma mais primitiva. Há muitos tons e graus de intensidade de sentimento, no entanto. O idioma muitas vezes dá ocasião a mal-entendidos sobre as funções. Na língua alemã, por exemplo, não raro confundimos "sentimento" [*Gefühl*] e "sensação" [*Empfindung*]. Normalmente, essa confusão causa pouco dano porque o contexto torna evidente o que se quer dizer. Em francês ou inglês, porém, a língua já faz essa distinção: *sentiment/sensation* no francês, *feeling/sensation* no inglês. Mesmo Schiller e Goethe muitas vezes confundem essas duas palavras, usando *Empfindung* para denotar um sentimento nobre e sublime. Psicologicamente falando, "sensação", significa uma percepção sensorial, e "sentimento" o processo de avaliação subjetiva que segue toda percepção sensorial ou determinação de significado.

Essas três funções já nos deram uma boa ideia de todo o processo da consciência. Uma coisa, no entanto, ainda está faltando; ainda não estabelecemos tudo sobre essa coisa, uma vez que sabemos o que *é*, o que *significa* e como a *valorizamos*. Ainda não verificamos seu progresso no tempo, para onde vai e de onde veio, sua consonância com outras coisas, suas filiações estilísticas ou musicais, o contexto ao qual pertence – questões que não podemos compreender intelectualmente no momento e das quais só podemos ter uma vaga ideia. O que nos falta é a aura invisível que envolve a coisa.

Agora, se presumirmos que essa "coisa" é outra pessoa, essa pessoa não será totalmente descrita ao se dizer que ela existe, que é tal pessoa, e talvez até seja uma pessoa agradável. Tanto passado quanto futuro estão ligados a uma pessoa, tanta atmosfera, coisas que só podem ser deduzidas pela *intuição*, termo tantas vezes usado e igualmente mal usado. Em alemão, é melhor traduzido como *Ahnung*[43]. Na verdade, este último é um termo excelente, enquanto "intuição" pode ter muitos significados diferentes[44]. Recentemente, entrou na linguagem da filosofia e até na linguagem cotidiana: por exemplo, em inglês e francês. Na filosofia, "intuição" já existe como função cognitiva. Existe até um livro de Lossky, *The intuitive basis of Knowledge*[45]. Bergson também descreve sua filosofia como uma filosofia intuitiva[46]. Sem dúvida, podemos reconhecer que Bergson concebeu as noções de *durée créatrice* e *élan vital* de forma bastante intuitiva, que ele as *erahnte* [adivinhou]. É significativo, no entanto, que ele não as tenha inventado. Essas ideias já existiam nos neoplatônicos ou nos estoicos. Para Proclo[47], por exemplo, o tempo tem um significado criativo. Bergson não percebeu completamente que sua teoria remonta a precursores muito antigos: não apenas às [ideias dos] neoplatônicos, mas também às antigas noções persas em Zaratustra, como a ideia de *Zurvan akarana*, a duração infinita, em que tudo vem a existir[48]. A noção do Deus criador é bastante primitiva, pois

---

43. Pressentimento, sugestão, palpite.

44. Ou seja, na língua alemã.

45. Lossky (1906). Nikolay Onufriyevich Lossky (1870-1965) foi um filósofo russo. Ele chamou sua filosofia de "personalismo intuitivo".

46. Bergson (1907). Henri Bergson (1859-1941) foi o famoso filósofo francês tido em alta estima por Jung, que frequentemente o citava em suas obras, com particular referência às noções de *durée créatrice* e élan vital. Ele também observou que seu próprio "método construtivo" correspondia ao "método intuitivo" de Bergson (Jung, 1917, p. 399).

47. Proclo Lício (412-485), chamado de Proclo Diádoco ("Sucessor"), foi um filósofo neoplatônico grego. Em sua filosofia, a mônada do Tempo existe antes das coisas temporais, e o intelecto está fora do Tempo. Ele compôs dezoito argumentos para a eternidade do mundo. Cf. Lang, 2005.

48. *Zurvan akarana*, a "duração infinitamente longa" ou "tempo sem limites" (também: "duração em círculo") que cria Aúra-Masda e Arimã. Sobre *Zurvan akarana*, Cronos, a *durée creatrice* de Bergson e a noção de tempo em geral, cf. OC 5, § 425, e Jung, 2011, pp. 215-216.

é a personificação de uma ideia, por assim dizer. Mas nós mal entendemos esse modo de pensar nos primitivos. Imaginamos um sábio idoso explicando a seus discípulos: "Imaginem que essa duração interminavelmente longa se torna um homenzinho!" Ou um professor tentando fazer um aluno estúpido entender a ideia e inventando uma cobra sem fim para torná-la mais clara. Mas, na realidade, o primitivo vê a imagem primeiro. Uma figura estranha aparece para ele, chamada *Zurvan akarana*, e então ele tenta descobrir o que isso significa. A imagem personificada vem em primeiro lugar. Bergson apenas reviveu – ou melhor, repercebeu – essa imagem primordial por meio da intuição. Há um exemplo semelhante na história da energética. A descoberta da filosofia da energética por Robert Mayer[49] foi a intuição de uma imagem primordial, pois na filosofia primitiva existe um modelo para o conceito de energia primordial. O conceito de energia é geralmente resumido pelo termo *mana*. Esta é uma palavra polinésia, que significa "extraordinariamente eficaz" – a força da vida, saúde, magia e o poder de um chefe. Um grande homem tem *mana*. Quando ouvem um gramofone pela primeira vez, os primitivos exclamam: "*mana!*", assim como dizemos "Jesus!" ou "Oh, meu Deus!" *Mana* também designa algo que é significativo: por exemplo, um sonho significativo ou importante é chamado *manano*.

A intuição é definida como uma "função da percepção por meios inconscientes". Não há indicação de *como* a intuição percebe ou de fato *o que* ela percebe. Ela pode perceber sentimentos, pensamentos e fantasias em outras pessoas. Os intuitivos leem seu caráter; "eles podem ver através de você"; veem o que está em sua mala e sentem, por assim dizer, o que você comeu no almoço.

---

49. Ou seja, a lei da conservação da energia. Em 1841, Julius Robert von Mayer (1814-1878), um médico e físico alemão, formulou a lei da conservação da energia (a energia não pode ser criada nem destruída), uma das primeiras versões da primeira lei da termodinâmica.

Pessoas intuitivas percebem as coisas mais notáveis. O grau mais pronunciado de intuição – o que os escoceses chamam de "segunda visão" – ocorre nos chamados clarividentes, que são capazes de adivinhar incrivelmente muito. Esta é a mesma capacidade divinatória do instinto dos animais que lhes permite antecipar terremotos ou tempestades. Certas pessoas também possuem essa habilidade. Um bom número de descobertas científicas foi feito pela intuição, e não pelo intelecto pensante. O intelecto como tal é uma função estranhamente estéril, se não for acompanhado pela função *Ahnung*. A intuição pode perceber de uma forma bastante "ilegítima". Nós simplesmente não temos ideia de como essas coisas entram em nossas mentes. Portanto, defini a intuição como aquela função perceptiva particular que ocorre através do inconsciente. Nada mais além desta definição pode ser dito, porque a intuição é para todos os efeitos uma dimensão irracional – assim como a lógica de uma mulher se encaixa em um livro de lógica. Mas também não se pode contestar o fato de que uma mulher tem sua própria lógica!

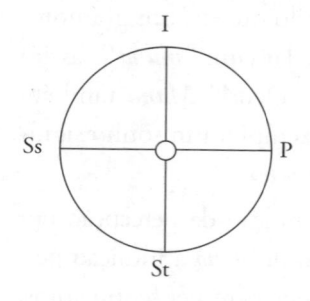

Para organizar as funções no sistema psíquico, o círculo do horizonte é um esquema de orientação muito simples. Pode ser dividido à vontade em 360 graus ou nos quatro pontos cardeais.

As funções estão situadas nos quatro pontos cardeais. Podem ser movidas arbitrariamente de um ponto a outro, mas não em sua relação entre si, que é fixa. Uma questão importante, no entanto, é saber que essas funções estão estranhamente inter-relacionadas. Assim, parece-nos que existe uma certa contradição entre as funções do pensar e do sentir. Existe uma oposição imutável, até mesmo uma espécie de guerra, entre elas. Se você sente algo sobre um objeto, então, você não pode pensar sobre ele corretamente ao mesmo tempo, e, se você pensa sobre ele, você não pode senti-lo corretamente, porque um ou outro processo será perturbado. A razão para isso é que o sentimento implica uma escolha particular, que exclui outras. Eu me sentirei instintivamente atraído pelo objeto agradável. Devo deixar de lado meu sentimento para poder ser objetivo, por exemplo, e lidar objetivamente com objetos bastante desagradáveis ou até mesmo repulsivos. É por isso que um tipo distinto de sentimento presume que o tipo pensamento é bastante insensível. Para a função sentimento, a fria objetividade do intelecto parece algo como um crime contra o sagrado sentimento[50]. Paul Bourget conta a história de um casal esperando na antecâmara de um gabinete parlamentar, e a esposa comenta sobre todos que vão surgindo. Ao ver um professor com ar inteligente, ela exclama: *Voilà un homme méchant! Il est sûrement de la police secrète!* [Eis um homem mau! Ele é certamente da polícia secreta!][51] É assim que o pensamento parece para o tipo sentimento. Por outro lado, o pensamento considerará a pessoa sentimento como uma completa imbecil. Na verdade, esses dois grupos de pessoas não se dão bem.

---

50. Sobre a oposição entre pensar e sentir veja, além da discussão em *Tipos Psicológicos* (1921), a encenação viva, por assim dizer, desse contraste nas cartas entre o suposto "tipo pensante" Jung e o "tipo sensível" Hans Schmid-Guisan (Jung & Schmid-Guisan, 2013).

51. Jung também cita essa passagem de um romance, *L'Étape* (1902), de Paul Bourget (1852-1935), romancista e crítico francês, em 1943, § 233, e, por fim, no seminário *Visões* (1997, p. 805): "Um casalzinho burguês aguardava na antecâmara do gabinete do Ministro da Educação Pública, observando as pessoas que entravam e saíam, tremendamente impressionados com a solenidade e grandiosidade do lugar. A mulher estava muito entusiasmada e achava que toda pessoa que entrava era provavelmente um diplomata, talvez um embaixador, porque só gente muito importante estaria ali! Mas o ministro havia convidado um filósofo, que era um pouco recluso e vivia uma vida muito tranquila no campo; queria consultá-lo sobre um determinado assunto. E aquele homem tinha as feições de um homem que pensa e uma aparência um tanto descuidada; então, quando ele entrou na sala e teve que esperar também, a mulherzinha olhou para ele e comentou: '*Il est de la police secrète, il a l'air si méchant!*'"

O pior caso, no entanto, é o desentendimento dentro da alma do indivíduo quando, por exemplo, um nítido tipo sentimento esmaga seu próprio pensamento contra a parede. Levará muito tempo para ele chegar ao ponto em que as duas funções estejam unidas de forma funcional. Um tipo pensamento criará todo tipo de teorias, por exemplo, apenas para negar seu coração muito mole. Mas, às vezes, o coração ressurge mesmo assim – e como!

A mesma observação pode ser feita sobre a sensação e a intuição. Até que ponto a percepção sensorial e a percepção por intuição são contraditórias? A contradição como tal não é inerente. Deve-se ser capaz de supor que podemos olhar para as coisas – e deixá-las agir sobre nós como são – e ter todo o tipo de intuições sobre elas da mesma forma. Curiosamente, não é assim. Se você pretende se dedicar à observação exata – olhando através de um microscópio, por exemplo – deve excluir todas as possibilidades que giram ao seu redor, assim como fechamos os olhos quando pensamos para nos concentrar e não nos distrairmos com impressões sensoriais. A observação pura – seja com os ouvidos, o tato ou os olhos – deve necessariamente eliminar, na medida do possível, qualquer outra coisa que também possa estar presente.

Até mesmo observando as pessoas, pode-se dizer que quem olha as coisas não as vê. Os olhos do espectador ou observador sempre têm um certo caráter nitidamente delineado devido à intersecção dos eixos visuais. Na pessoa intuitiva, ao contrário, observamos o estranho fenômeno de que ela não olha as coisas, mas vê. Seus olhos "iluminam" as coisas, geralmente com os olhos arregalados. Tomemos por exemplo o retrato de Goethe feito por Stieler[52]: os olhos irradiam; este é o olhar da pessoa intuitiva.

---

52. Joseph Karl Stieler (1781-1858), pintor alemão, mais conhecido por seus retratos neoclássicos. Existem inúmeras reproduções de seu retrato de Goethe (1828) na Internet.

Pessoas altamente intuitivas muitas vezes têm um olhar um tanto enigmático, de modo que você não consegue nem mesmo dizer para quem ou o que estão olhando; é como se estivessem olhando através das coisas. Tais pessoas nem olham para você ou para o seu rosto cotidiano, mas para algo imponderável, atmosférico, para algo que talvez você não queira conhecer ou acreditar.

Assim como a sensação ou percepção dos objetos não permite a intuição ao mesmo tempo, a intuição exclui a sensação ou percepção exata do objeto. Os intuitivos puros possuem uma capacidade verdadeiramente notável de não observação. Por exemplo, eles podem passar meses em um quarto sem saber dizer sua cor, como está mobiliado etc. Farão certas afirmações sobre ele sem, no entanto, poder verificá-las por meio da observação. Serão capazes de intuir o que está dentro das gavetas, mas não terão ideia de como é a cômoda ou o armário.

Então, temos um sistema de quatro funções que se cruzam. Existem dois pares de opostos que diferem em outro aspecto: pensar e sentir ambos afirmam serem funções racionais, pensar em particular, mas também sentir, porque você deve ter valores razoáveis, estéticos ou éticos para ser ajustado. Porém, se a sensação ou a intuição quiserem ser razoáveis, isso será um grande erro. Se você adotar uma atitude "racional" ao observar, não verá o inesperado. O mesmo vale para a intuição; você não pode intuir com alguma intenção sofisticada em mente. A própria essência dessas duas funções é perceber o que está lá, por mais inesperado que seja. Se, por exemplo, um clarividente se tornar profissional e depois aplicar sua arte de maneira racional, facilmente escorregará e terá que recorrer a todo tipo de truques para substituir sua intuição falha. Na verdade, o que essas pessoas veem geralmente é a última coisa que as pessoas esperam ou querem ouvir, de modo que é muito difícil para os clarividentes permanecerem honestos em relação aos seus dons. Assim, pensar e sentir são funções racionais; e a sensação e a intuição são funções irracionais, que só podem ser plenamente exercidas se não estiverem sujeitas a restrições racionais.

Cada uma dessas funções possui uma energia específica inerente a ela, uma certa medida de energia psíquica. Se uma função for suprimida, ocorrerá uma perda de energia. A energia é deslocada para o inconsciente, causando certos distúrbios. Até certo ponto, essas funções podem ser usadas à vontade: isto é, podemos aplicá-las – intensificá-las ou diminuí-las. Em princípio, isso é verdade para todas as funções, porém com uma restrição. Ninguém pode usar todas as quatro em igual medida. Quando – como é geralmente o caso – uma das funções é particularmente bem desenvolvida em alguém, essa função pode ser aumentada de maneira excepcional, o que também pode acontecer quando é aplicada deliberadamente a certos objetos. Pelo menos uma das outras funções não está desenvolvida, no entanto, muitas vezes duas, e às vezes até três. Toda função altamente desenvolvida é oposta por uma função subdesenvolvida. Isso não é um juízo de valor. Simplesmente quero dizer que esta última função é inferior, não ajustada e indiferenciada em *comparação* com a função desenvolvida. Alguém com uma sensação particularmente bem desenvolvida, por exemplo, encontrará sua intuição em estado inconsciente e deplorável, isto é, em uma condição arcaica e subdesenvolvida.

O indivíduo exclusivamente pensamento é inferior em seu sentimento. Agora, toda pessoa cuja função da consciência mais desenvolvida é o pensamento lhe dirá imediatamente que sentimentos maravilhosos ela tem – o que realmente nos dá razão –, pois, assim, ela revela que não os controla e, consequentemente, deve suprimi-los como uma perturbação desconfortável. Inversamente, alguém com o sentimento mais altamente diferenciado pode exibir um tipo de pensamento arcaico que é verdadeiramente surpreendente. Normalmente, isso é tão embaraçoso que essas questões são encobertas. É bem sabido que muitos grandes pensadores temem demais as mulheres, porque elas afetam seus sentimentos. O tipo pensamento evita situações que despertem seus sentimentos e acaba se casando com sua governanta!

Se essas funções não forem exercidas conscientemente, elas funcionarão automaticamente. A função "pensa" em você, sem que você queira, ou "sente" em você. A terceira possibilidade é que o processo ocorra inteiramente no inconsciente. "Ele pensa em você sem que você perceba." Ou o processo de sentimento ocorre alheio ao fato de você ter consciência de sentir qualquer coisa – mesmo assim, está ocorrendo no inconsciente. Os processos inconscientes de sentimento podem ser evidenciados por experimentos, por exemplo, sem que a pessoa em questão tenha a menor noção deles.

Além dessas funções, devemos também mencionar outras coisas que ocorrem na consciência. Pois as funções não estão suspensas no espaço vazio, e, sim, relacionadas a um centro, ao "eu". Elas podem aparecer como atividades do eu, ou, ao contrário, o eu pode aparecer como seu objeto, como sua vítima. Pois somente o que está relacionado a este eu é consciente. O eu é um complexo de todos os tipos de fatos psíquicos e orgânicos; é dado pela realidade física do corpo e pelos sentimentos gerais relacionados ao corpo. Assim, as pessoas apontam para seu corpo e dizem: "Sou eu". Mas os processos psíquicos também são uma realidade inegável. Quando você diz: "Penso, logo existo", percebe o processo psíquico do pensamento: *cogito, ergo sum*[53]. Mas também seria perfeitamente possível dizer: "Sinto, logo existo". Ou: "Sou pensado, logo existo". Ou: "Sou sentido".

---

53. Um dito famoso introduzido por René Descartes (1596-1650) em seu *Discurso do método* (1637, parte 4, parágrafo 3). Cf. a discussão de Jung sobre Descartes no semestre anterior (2020, p. 103 e nota 61).

Existem também níveis intermediários entre essas funções. Os cientistas naturais são na maioria das vezes pensadores empíricos: isto é, suas funções predominantes são o pensamento e a sensação. Pensadores como Schopenhauer, por outro lado, são pensadores especulativos: ou seja, sua função predominante está entre o pensamento e a intuição.

# Palestra 4

*18 de maio de 1934*

Da última vez, falamos sobre as funções da consciência. Na literatura, vocês encontrarão uma descrição detalhada dessas funções em meu livro *Tipos Psicológicos* (1921), e no capítulo sobre "Definições", um debate filosófico e psicológico sobre o conceito de funções. É claro que isso torna a leitura um pouco difícil. Dei uma descrição mais sucinta em um ensaio em meu livro *Seelenprobleme der Gegenwart* [Problemas psíquicos de nosso tempo][54]. Gerhard Adler fornece uma descrição muito boa das funções no contexto da chamada tipologia em seu novo livro *Die Entdeckung der Seele* [A descoberta da alma][55]. Outras discussões sobre o assunto são mais ou menos inexistentes em alemão, exceto alguns artigos na literatura profissional e a breve descrição de Kranefeldt no livreto de Göschen[56]. Infe-

---

54. "Tipologia psicológica" (OC 6).

55. Adler (1934); com prefácio de Jung. Gerhard Adler (1904-1988) foi um psicólogo analítico de origem alemã-judaica; viveu em Berlim até 1936, depois em Londres. Foi editor das cartas selecionadas de Jung, coeditor da *Obra Completa* em inglês e presidente por dois mandatos da Associação Internacional de Psicologia Analítica (1971-1977). Cf. OC 18/2; 2000, pp. 109, 180-181; 2003, pp. 156-157; Kirsch, 2000; Shamdasani, 2005, pp. 48-51.

56. Kranefeldt, 1930. Wolfgang M. Kranefeldt (1892–1950) foi um médico e psicoterapeuta alemão. Durante a era nazista, foi membro do corpo diretivo do Instituto Goering (Kirsch, 2000, p. 133). A *Sammlung Göschen*, uma série de livros de baixo custo, ofereceu "introduções claras, facilmente compreensíveis e concisas a todas as áreas da ciência e tecnologia", com o objetivo final de disponibilizar "uma representação consistente e sistemática de nosso conhecimento completo" (da introdução da série).

lizmente, alguns equívocos transparecem no livro, mas mesmo assim a obra vale a pena. As publicações em inglês incluem uma tradução do holandês, *Character and the* Unconscious[57]. Um livro muito interessante, também em inglês, foi escrito por minha ex-colaboradora Dra. Hinkle, *The* Recreating of the Individual, que também inclui uma discussão sobre a teoria das funções[58].

Hoje, vamos discutir alguns aspectos adicionais dessas funções. Elas podem ser usadas arbitrariamente: isto é, estão sujeitas à vontade e podem ser dirigidas, de modo que, por exemplo, se possa pensar de maneira conscientemente dirigida. No caso do sentimento, no entanto, isso não é tão óbvio para nós. Isso explica a pequena diferença entre o tipo de amor masculino e feminino. Os homens não entendem que isso pode ser feito, porque nenhum deles consegue fazê-lo, por assim dizer. Quem é casado ou já passou por brigas em assuntos do coração saberá que existem diferenças de opinião. Podemos ouvir: "Se você simplesmente quisesse, poderia direcionar seu sentimento". E, de fato, pode-se, até certo ponto, dirigir os próprios sentimentos, assim como se pode dirigir os pensamentos e as percepções. Algumas pessoas são altamente qualificadas a esse respeito. Outros são capazes de pensar hipoteticamente; podem pensar abstratamente de propósito: por exemplo, conseguem fazer uma suposição absurda e tirar conclusões a partir dela – um

---

57. van der Hoop, 1923. Johannes Hermanus van der Hoop (1887-1950) foi um psiquiatra holandês. Ele passou por análise com C. G. Jung e com a freudiana Ruth Mack Brunswick. Foi cofundador e presidente da Associação Holandesa de Psicoterapia e professor da Universidade de Amsterdá.

58. Hinkle, 1923. Beatrice Moses Hinkle (1874-1953) foi uma médica americana pioneira. Em 1905, ela foi nomeada city physician de São Francisco, tornando-se assim a primeira médica mulher nos Estados Unidos a ocupar um cargo público. Mudando-se para Nova York em 1908, ela fundou, com Charles R. Dana, a primeira clínica terapêutica do país, na Cornell Medical School. Depois de estudar com Freud e Jung na Europa, desempenhou um papel importante na comunidade junguiana em Nova York e na divulgação das ideias de Jung através de suas traduções como, por exemplo, *Psicologia do inconsciente* (Jung, 1911/12).

verdadeiro milagre para pessoas que não podem pensar de maneira direta e intencional.

O mesmo vale para o sentimento. Isso depende simplesmente de qual de suas funções é domesticada. Em geral, são as mulheres que conseguem dirigir seus sentimentos e os homens que são capazes de controlar seus pensamentos. Agora, se tais homens julgarem os sentimentos, chegarão à conclusão de que um sentimento é algo que simplesmente se tem, mas que não se pode alterar os sentimentos deliberadamente de forma alguma. Isto não é verdade, entretanto. É incrível o que pessoas com sentimento diferenciado podem realizar com isso, principalmente quando querem alguma coisa! Suponhamos, por exemplo, que um tipo sentimento acompanhe alguém a uma festa. Ele – ou mais provavelmente ela – preferiria não ir, e reclamará disso em pensamento ou palavras. Então, quando lá chegam, porém, ela pensa: *Ora, afinal, há uma sensação agradável aqui, uma atmosfera afável, vai ficar tudo bem.* Então, eles ficam na festa, tudo corre bem, e todo mundo diz: "Que noite boa!" O tipo sentimento vai para casa, porém, e pensa: "Sim, mas eu fiz das tripas coração". E isso é bem verdade. Ou uma mulher pode mudar o humor do marido para melhor quando ele volta para casa à noite, demonstrando-lhe deliberadamente um pouco de sentimento.

Pode-se também intuir deliberadamente, isto é, de maneira direcionada. Tem gente que costuma dizer: "Ah, mas eu sabia!" Mas somente depois do fato acontecer – não estamos cientes da premonição no momento em que a temos. De todas as funções, a intuição parece ser a mais imprevisível e incontrolável, e a maioria das pessoas só conhece a intuição como os mais vagos palpites vindos sabe-se lá de onde. Porém, há também pessoas que vivem literalmente por meio dessa função e percebem tudo intuitivamente, como se estivessem extraindo a alma das coisas. Ao fazer isso, algo de fato continua ocorrendo com elas, e então levam isso a sério. Até tratam isso como um fato, como se o outro realmente tivesse dito ou feito tal coisa.

Todas essas funções também podem ocorrer involuntariamente na consciência. Assim, podemos pensar, sentir, ter sensações e intuir involuntariamente. No entanto, esses processos involuntários também podem ocorrer inconscientemente, e é aí que as coisas se tornam interessantes. Você pode perceber, e até mesmo pensar, inconscientemente. A questão é meramente: como determinar isso? Isso deve ser deduzido indiretamente, isto é, por inferência a partir das ações subsequentes. Descobre-se que, em algum momento, um processo de pensamento deve ter intervindo no inconsciente. Também nos sonhos: lá com frequência podemos encontrar processos de pensamento muito complicados, até filosóficos, muitas vezes de profundidade considerável.

Da mesma forma, pode-se sentir inconscientemente. De fato, isso ocorre com bastante frequência, especialmente nos relacionamentos amorosos, quando temos sentimentos inconscientes, dos quais não estamos cientes, mas que são registrados pelo nosso ambiente – particularmente pelos tipos intuitivos – em nossas expressões faciais, que geralmente estão além do nosso controle. Você também pode inferir esse sentimento inconsciente a partir de ações subsequentes e também de sonhos. Como regra bastante comum, certos estados de sentimento, dos quais alguém não se deu conta por serem desagradáveis ou inoportunos, reaparecem à noite em sonhos. Por exemplo, você conheceu alguém durante o dia, teve a impressão de que esse homem é um cavalheiro simpático e que está tudo bem. Naquela noite, porém, você tem um sonho ruim, desagradável em relação a esse homem. Você recebeu uma impressão inconsciente e negativa de algo que não queria ver, porque teria interferido em sua imagem ou estragado a noite agradável. É como uma nódoa. Não gostamos de nódoas, no entanto. Quando gostamos de algo, gostaríamos que fosse perfeito. Essa mácula produz, então, associações de sentimentos desagradáveis, que podem reaparecer para nós em um sonho ou em outros efeitos posteriores. Se as percepções realmente produziram um afeto em você, as respectivas impressões de afeto podem aparecer para você inconscientemente em um sonho. Sintomas físicos de afeto também são possíveis, ou estados de ansiedade etc.

Percepções ou impressões inconscientes muitas vezes podem se expressar de maneiras muito estranhas. Um bom exemplo disso é o caso de um inglês, um caçador de grandes animais, que estava caçando tigres na Índia e chegou perto de um poço de água ao pôr do sol. Ele subiu em uma árvore e esperou a noite cair. Quando o sol se pôs, o vento se intensificou, como é comum nessas regiões. A primeira rajada inundou o caçador com um medo tremendo. Ele estava com receio de descer da árvore, no entanto – porque poderia ser visto como uma presa –, e se controlou. A rajada seguinte aumentou sua sensação de pânico. Quando veio a terceira rajada, ele não aguentou mais a situação. Pensou que era um aviso de Deus e desceu. Neste momento, a árvore desabou. Ela havia sido escavada por cupins[59]. Todos os caçadores que vivem em tais regiões sabem disso e obviamente percebem isso quando sobem numa árvore assim. Porém, na excitação da caça ao tigre, o inglês não queria notar isso, porque era a única árvore possível na área. Portanto, teria sido muito desagradável para ele perceber que a árvore fora comida por cupins. Obviamente, teria que ter visto isso, porque havia escalado a árvore à luz do dia, mas não viu. Porém, o inconsciente percebeu e o avisou quando o vento começou a soprar forte: "Ahá, lá vem ele". Estas são sensações inconscientes.

---

59. Como Jung também observou alhures, os cupins "escavam as árvores [...] de modo que permaneçam de pé como se estivessem em perfeitas condições. Então, vem uma tempestade, e tudo desmorona. Por isso, quando você acampar debaixo de uma árvore, deve sempre verificar se não há traços de cupins, caso contrário, a árvore pode cair na sua cabeça" (Jung, 2014, p. 95).

Naturalmente, também existem intuições inconscientes. Como as intuições nunca são completamente conscientes, a intuição é uma estranha função limítrofe. Talvez vocês conheçam o conto fantástico de H. G. Wells, *A máquina do tempo*[60]. O protagonista do livro inventou uma máquina que funciona não no espaço, mas no tempo. Se alguém se senta na máquina, viaja – não para frente ou para trás no espaço, mas no tempo. Este aparelho se assenta em quatro pilares de quartzo. Três são claramente visíveis, enquanto o quarto, que está sempre embaçado, nunca é, pois representa a função do tempo. A intuição é assim. É uma função que nunca é realmente tangível, e sabemos tanto dela quanto sabemos da quarta dimensão. Portanto, minha definição de intuição é um tanto improvisada e, na verdade, uma declaração de falência científica: "Intuição é percepção via inconsciente".

Às vezes, intuições e sensações são desencadeadas por algo como buracos de cupins[61]. Por exemplo, uma paciente foi se consultar comigo. Recebi-a em minha casa com jardim, onde uma brisa entrava pela porta. "Oh", ela disse, "um cavalheiro veio vê-lo!" Fiquei realmente surpreso que ela soubesse disso, pois eu o tinha recebido antes do almoço, e ela não poderia tê-lo encontrado. "Sabe, sou muito intuitiva e simplesmente percebo coisas assim." De repente, olhei para o meu cinzeiro e vi pontas de cigarro. Eu mesmo nunca fumo cigarros. Então, obviamente, essa era a percepção inconsciente da paciente. Na verdade, no entanto, simplesmente não temos conhecimento de como as pessoas chegam a ter essas percepções.

---

60. Wells (1895). H.[erbert] G.[eorge] Wells (1866-1946), o célebre autor inglês, conheceu Jung, encontrou-o em várias ocasiões e o creditou pela inspiração que obteve de suas ideias e escritos.

61. Esta frase aparece apenas em Hannah (p. 103).

A curiosa ocorrência de eventos em série, ou seja, de coisas semelhantes tenderem a ocorrer em sucessão, também pertence a essa área: "O que se divide em dois, se divide em três" e "Uma desgraça nunca vem sozinha". Muitas vezes acontece que as pessoas fazem previsões certeiras. Assim, um professor disse a seus alunos: "Este é realmente um caso raro, e o próximo com certeza se seguirá imediatamente". Tratava-se de um professor idoso de Würzburg, um sujeito muito estranho, como costumam ser os psiquiatras[62]. Toda a ciência primitiva e oriental repousa sobre o princípio da série aleatória. Isso é importante notar porque tudo o que o Oriente desenvolveu a tal grau falta a nossas mentes conscientes, é completamente subdesenvolvido em nós e jaz no inconsciente. Só às vezes nos deparamos com isso. É por isso que são tão importantes esses eventos em série, que parecem tão estranhos quando acontecem.

Eles geralmente ocorrem de forma banal. Ainda outro dia, vinte e quatro horas atrás, peguei *Ulisses* de James Joyce para mostrar a um inglês, algo que raramente faço, e certamente não fiz nos últimos três ou quatro anos[63]. "Porque você está fazendo isso?", ele disse. "Eu estava em uma livraria há apenas alguns dias, vi este livro e pensei: *Esse é um livro que eu deveria ter* – embora nunca tenha ouvido falar dele!"

Para nós, tais eventos parecem absolutas coincidências; para outros tipos de pessoas, no entanto, esses eventos constituem uma regularidade real, e elas consideram nossa causali-

---

62. "Todos os médicos clínicos entre nós conhecem muito bem a lei da duplicidade de casos. Um antigo professor de psiquiatria tinha o hábito de dizer diante de um caso clínico, especialmente raro: 'Senhores, este é um caso único no gênero. Amanhã teremos outro'. Também pude observar frequentemente a mesma coisa durante meus oito anos de prática num asilo de pessoas dementes" (OC 10/3, § 121).

63. Sobre a atitude de Jung em relação a Joyce e sua *magnum opus* (1922), cf. OC 15 – um artigo que suscitou muitas críticas na imprensa e no público. Jung também tratou a filha de Joyce, Lucia, em 1934.

dade uma superstição e algo ridículo. O Oriente já descobriu as leis da coincidência há muito tempo. O mesmo se aplica aos primitivos, para quem não há dúvida de que, se ocorrer uma coisa desfavorável, várias outras ocorrerão imediatamente. Assim, eles reconhecem dias favoráveis e desfavoráveis. A assim chamada superstição de marinheiros, caçadores em regiões alpinas etc. também não é superstição de verdade, mas sim uma argúcia bastante comum: isto é, a ciência de pessoas que vivem em circunstâncias primitivas. Se você se encontra entre os selvagens como o único europeu, sabe que a primeira coincidência desfavorável deixará as pessoas ansiosas e nervosas, de modo que certamente o deixarão na mão da próxima vez. Adicione a isso a lei da série. É por isso que um explorador disse: "A magia é a ciência da selva"[64].

Esse curso inconsciente de nossa função de consciência é efetivamente um fato muito reconfortante. Pois nos permite esperar com alguma certeza que o que não pensamos, percebemos e intuímos com nossa consciência será feito por nós pelo inconsciente. Isso é um tanto perigoso em alguns aspectos, no entanto, porque o inconsciente funciona de maneira um pouco diferente da consciência. Nossos processos inconscientes de pensar e sentir são caracteristicamente alterados em termos do chamado arcaísmo, uma funcionalidade característica da antiguidade e da crença popular. O inconsciente é mais primitivo e, portanto, suas conclusões não coincidem com nossas próprias deduções; funciona mais com analogias.

---

64. "A magia salva. Então é branca. A magia mata. Então é negra. Esta é a ciência da selva" (Vandercook, 1925, p. 194). Também citado por Jung em "O homem arcaico" (OC 10/3, §§ 121, 128) e em (na versão revisada de) *Símbolos da transformação* (OC 5, § 221): "'A mágica é a ciência da selva', disse um conhecido pesquisador. O homem civilizado olha com desdém para a superstição primitiva, o que é tão tolo como se desprezássemos as armaduras e alabardas, os castelos e as catedrais da Idade Média. Meios primitivos são tão eficientes em condições primitivas quanto uma metralhadora ou o rádio em condições modernas".

Ninguém desenvolve todas as funções da mesma forma. Normalmente, as pessoas se contentam em desenvolver e diferenciar bem apenas uma função. Alguém que percebe bem se contentará com uma boa observação dos fatos. Ele pode não ser capaz de entendê-los, mas perceberá "como o vento sopra". Ou alguém com um bom cérebro provavelmente se tornará um tipo pensamento, e assim por diante. Um tipo pensamento pode observar muito mal, talvez de forma imprecisa ou superficial, mas deliberará cuidadosamente sobre suas escassas percepções. Pensará em situações correspondentes e, assim, se ajustará à realidade. Deste modo, sempre acontece que uma parte das funções é inconsciente.

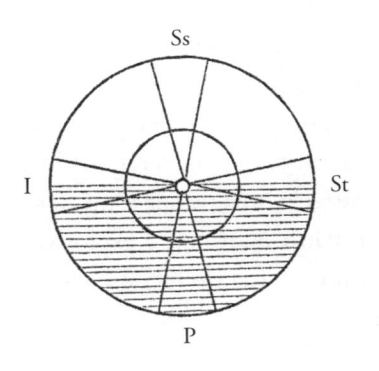

A figura representa o tipo pensamento. Sua função pensamento é excelente e está na primeira posição. É confiante e deliberado em todas as suas decisões e lida muito bem com todas as situações que exigem pensamento. A função sentimento, entretanto, está completamente no nevoeiro e tem a qualidade de um homem pré-histórico, de um homem das cavernas primitivo. Se você observar tal pessoa em uma situação de "sentimento" pronunciada, ela apresentará uma imagem totalmente diferente. Coloque esse tipo pensamento em uma situação amorosa, com a qual ele não pode mais lidar por meio do pensar ou ganhar vantagem com o pensamento, e tempestades emocionais virão à tona, tempestades de caráter parcialmente infantil, parcialmente bárbaro-primitivo, como acontece com um homem primitivo. Já vi pessoas que considerava decididamente superiores e que se comportaram de maneira absolutamente absurda, ridícula, como um primitivo em uma situação altamente emocional. É como se essas pessoas pudessem permanecer apenas completamente quietas em tais situações, cheias de "autocontrole"[65], o cavalheiro perfeito e sofisticado – ou se comportar completamente como primitivos. Acrescente a isso o lamentável fato de que o pensamento é completamente distorcido pelo sentimento nessas situações. O pensamento superior ficará então refém dos afetos primitivos, e os próprios pensamentos se tornarão mais do que ridículos. Essas pessoas são como mulheres histéricas, e o resultado é uma alteração completa de sua personalidade.

Aqui, a função pensamento é a forma domesticada; a função sentimento oposta é a função "inferior", enquanto as outras duas funções, intuição e sensação, são funções subsidiárias ou auxiliares. Muitas vezes, o eixo horizontal é levemente girado de modo que duas funções estejam na luz e duas no lado da sombra, mas nunca acontece que duas funções opostas estejam na luz ao mesmo tempo. Pelo menos uma função estará sempre na escuridão primitiva e indiferenciada, e a função inferior nunca está na luz. Assim, embora todo tipo pensamento seja uma pessoa sentimento em seu inconsciente, esse sentimento é arcaico e explosivo. Em outras palavras, você pode inferir o caráter do inconsciente a partir da função diferenciada e de suas propriedades.

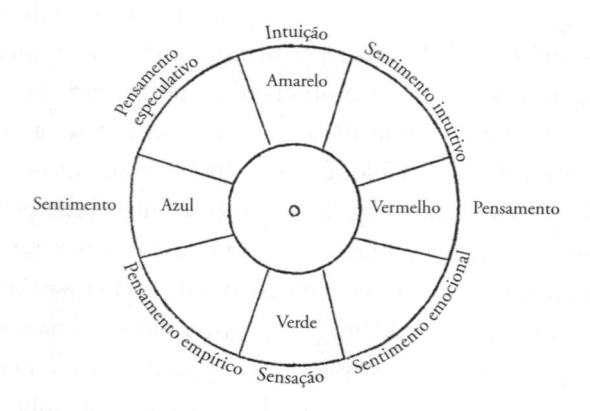

---

65. Esta expressão está em inglês nas notas.

Essas funções não foram descobertas por mim, apenas tropecei neste tesouro, pois as funções são um fato antigo. Elas são, na verdade, um conhecimento que existe há muito tempo no Oriente, particularmente na Índia e na China. Eu não estava ciente disso e só encontrei os paralelos com minhas próprias descobertas mais tarde. No Oriente, essas funções são designadas por cores, que indicam uma avaliação e diferentes "tons de sentimento". Assim, as diferentes funções são associadas a cores com menor ou maior correspondência, tal como os sons, aliás; por exemplo, o som de uma trombeta é um brilhante azul ou branco, e assim por diante. Algumas pessoas experimentam certas consonâncias de sentido, as chamadas sinestesias[66].

A grande maioria das pessoas descreve o pensamento como azul, porque ele tem as propriedades do ar. Um pensamento é uma entidade semelhante ao ar. Um pensamento, ou uma oração a Deus, é retratado como um pássaro ou pena pelos primitivos. Os indígenas soltam penas para pairar sobre um precipício. Deus é imaginado como uma corrente de ar ascendente, que sobe ao longo da face da rocha e transporta a pena para o céu azul. Assim, os pássaros são mensageiros do reino dos pensamentos, e a alma é retratada como um pássaro em monumentos antigos. O sentimento é muitas vezes representado pelo vermelho, devido às suas associações com o coração e com o sangue. A intuição – mas aqui começa a incerteza – é muitas vezes associada ao branco, amarelo ou dourado, a cor do sol. A sensação, a percepção de objetos concretos, muitas vezes é ligada ao verde, como a superfície verde da Terra.

Semelhante atribuição de cores também é encontrada na cultura chinesa, o chamado círculo lamaísta. O lamaísmo é

---

66. Um fenômeno que Jung havia encontrado em seus estudos de associação (OC 2, §§ 139, 141) e que também foi pesquisado por seu professor Eugen Bleuler (1912) e pelo analisando de Jung Oskar Pfister (1912).

uma religião tibetana, mas irradia da China ao Japão. No lamaísmo, essa teoria das funções é desenvolvida de forma significativa; é chamada de "mandala". Mandala significa círculo em sânscrito. Pintar tais "círculos mágicos" todos os dias é considerado uma tarefa meritória[67].

Devemos também mencionar funções intermediárias. São zonas em que duas funções se misturam, como no pensamento especulativo, por exemplo, como foi o caso de Schopenhauer, que era antes de tudo um tipo pensamento, enquanto a intuição ficava em segundo plano. Nietzsche, por outro lado, era principalmente um tipo intuitivo e apenas secundariamente um pensamento. Do outro lado da intuição está o sentimento intuitivo. Isso é algo invisível, mas que ocorre com muita frequência, mais aparente em mulheres que sabem algo "através do coração". Por causa dessa mescla frequente, os termos "sentimento" e "intuição" são muitas vezes alternadamente misturados. Depois, há o estágio intermediário entre o pensamento e a sensação, ou seja, o pensamento empírico, que é característico dos cientistas naturais. E, por último, temos a mistura entre sentimento e sensação. Essas pessoas sempre tentam impor seus sentimentos ao mundo objetivo. São esses tipos que não conseguem evitar informar seu estado emocional de maneira importuna, sendo muitas vezes os grandes chatos nas festas.

---

67. Como Jung fez de agosto a setembro de 1917, quando estava instalado no Château d'Oex, perto de Lausanne. "Enquanto estava lá, todas as manhãs esboçava em um caderno um pequeno desenho circular, uma mandala, que parecia corresponder à minha situação interior na época [...] Minhas mandalas eram criptogramas sobre o estado do eu [...] Eu as guardei como pérolas preciosas" (1962, pp. 220-221).

# Palestra 5

*25 de maio de 1934*

Minha última palestra suscitou muitas perguntas, e recebi várias cartas. Uma questão era se o tipo sentimento-sensação misto é sempre um tédio terrível em ocasiões sociais. Tenho dado algumas dicas sobre esses tipos psicológicos que resultam da diferenciação de diferentes funções. Um livro inteiro poderia ser escrito sobre o tema. Naturalmente, uma discussão tão abreviada não pode fazer justiça adequada ao assunto. Cada tipo tem um aspecto positivo e um aspecto negativo. Afinal, esses tipos sentimento-sensação não passam a vida inteira sendo uma companhia maçante, embora tendam a ter esse efeito em situações sociais. Assim, para reparar a ofensa à dignidade desse tipo, deixem-me mencionar que muitos artistas, poetas e principalmente músicos podem ser encontrados entre eles.

Outras questões foram levantadas, principalmente sobre o conceito de intuição[68]. Isso não surpreende, porque esse conceito é extremamente difícil de entender; de fato, a intangibilidade é sua própria essência. Os termos lógicos são bastante fáceis de delinear e apreender, enquanto os empíri-

68. Particularmente uma longa carta de Walter Strauss, de 18 de maio (Arquivos do ETH), que afirmava que os exemplos de intuição de Jung (por exemplo, a paciente na casa com jardim ou o caçador de tigres) na verdade não eram intuições "verdadeiras". Se a intuição em relação a eventos objetivos realmente existisse, argumentou Strauss, isso seria o fim da roleta, porque tal intuição quebraria qualquer banca de cassino.

cos se cruzam – pense naquela coluna da máquina que nunca é claramente visível[69]. Essa qualidade indistinta também é resultado do fato de que a intuição é definida como uma função que percebe através do inconsciente. Embora possa, às vezes, *revestir-se* de todas as outras funções, como vimos da última vez nos exemplos do caçador na árvore e nas pontas de cigarro, mesmo assim não pode ser identificada com tal função sensorial. Pode afetar as funções do pensamento, por exemplo, quando penso em algo inconscientemente, e então o resultado desse processo de pensamento de repente entra na consciência. Mas, mesmo com toda a vontade do mundo e a investigação mais minuciosa, você não conseguirá provar como alguém chega a esse conhecimento. Isso inclui um número considerável de casos que estão nos limites de nosso saber – e a intuição vive nessa fronteira. Senhoras e senhores! Estamos longe de saber tudo! Comparado ao que se poderia saber, nosso conhecimento é realmente muito limitado.

Por uma questão de clareza, deixe-me definir brevemente a intuição[70]:

I. A intuição é uma função psicológica básica. É a função específica que transmite percepções de maneira inconsciente.

II. Tudo pode ser objeto dessa percepção, tanto objetos externos quanto internos, ou conexões entre eles.

III. É importante notar que a intuição não é uma função da sensação, nem do sentimento ou do pensamento.

IV. Como a sensação, a intuição é uma função de percepção irracional.

---

69. Em *A máquina do tempo* de H. G. Wells; veja a palestra anterior.

70. A descrição a seguir segue de perto a que Jung havia dado no capítulo "Definições" de *Tipos Psicológicos* (1921).

V. Como no caso da sensação, os conteúdos da intuição têm o caráter de um dado, de um fato dado, em contraste com as funções do pensamento ou sentimento, cujos conteúdos têm o caráter de algo derivado ou deduzido[71].

VI. A intuição não é uma função intrapsíquica, mas pode abranger tudo: a morte, a vida, a saúde, a doença, o clima, a bolsa de valores, tudo o que existe na natureza.

VII. Você encontrará tipos intuitivos entre caçadores, especuladores da bolsa de valores – isto é, os afortunados – e em todas as profissões possíveis em que um tipo de trabalho sistemático e rotineiro é menos necessário do que uma apreensão bastante engenhosa. O tipo intuitivo abunda entre artistas, médicos e juízes de caráter em geral.

Uma das questões diz respeito às minhas observações sobre a lei da série[72]. Se existisse alguma regularidade a esse respeito que pudesse ser percebida pela intuição, as bancas dos cassinos certamente teriam sido quebradas em algum momento. Este é um argumento muito inteligente. Embora existam casos sequenciais, cada situação é como uma prisão para o tipo intuitivo, o que contrasta bastante com o tipo sensação. Os intuitivos procuram febrilmente novas possibilidades,

---

71. Hannah acrescenta: "Espinoza achava que este era o tipo mais elevado de conhecimento que existe" (p. 106). Cf. OC 6, § 865: "O conhecimento intuitivo possui uma certeza e convicção intrínsecas, que permitiram a Espinoza (e Bergson) sustentar a *scientia intuitiva* como a forma mais elevada de conhecimento". Baruch (Bento) de Espinoza (1632-1677), o grande filósofo, distinguiu em sua Ética (1677; parte II, proposição 40, escólio 2) três tipos de conhecimento: o primeiro tipo é a opinião, ou imaginação; o segundo, razão e conhecimento; e o terceiro, e mais elevado, intuição.

72. Veja a palestra anterior e nota 36.

mas podem usar sua função apenas de forma muito limitada em uma situação particular. Na verdade, uma vez tive uma paciente que costumava viajar para Monte Carlo sempre que estava sem dinheiro. Eu disse a ela: "Ouça, isso é uma coisa muito perigosa de se fazer!" Mas ela respondeu: "Não para mim!" Tempos depois, eu a vi lá e perguntei: "Como vão os negócios?". Ela disse: "O momento certo ainda não chegou. Vou ao cassino todos os dias. Infelizmente, não posso quebrar a banca. Eu só posso elaborar uma série com antecedência de cada vez". Então, ela apostou e ganhou. A intuição é assim; só pode ser usada para obter uma certa vantagem modesta. Se um intuitivo está realmente com seu último centavo, a intuição parece ter interesse em lhe dar apenas o suficiente para continuar, mas não mais do que isso. Se você é um clarividente, por exemplo, isso não será suficiente para fazer uma fortuna. Você não pode mover montanhas com puro instinto, mas isso o ajudará a garimpar a quantidade de ouro necessária para sobreviver. Se você quiser mais, terá que usar uma segunda função. Temos quatro funções, afinal, para poder atender a todas as situações. A intuição nem sempre funciona; nem o pensamento. Há certas coisas que você não pode pensar. Então, também temos o sentimento e as outras funções para poder nos ajustar a situações que não podem ser pensadas. Se você pegar um pensador brilhante como Kant, que pode desenvolver um pensamento e mantê-lo por um período tão longo quanto a *Crítica da Razão Pura*, e você o lançar em uma situação pessoal, ele não será capaz de pensar.

* * *

Hoje, vamos concluir a discussão da teoria das funções e, em seguida, considerar alguns outros fatos. Há uma função peculiar que se destaca das outras e é característica da consciência: essa é a função da faculdade volitiva [*Willensvermögen*], em suma, a *vontade*. Se estivesse em pé de igualdade com as outras funções, poderíamos chamá-la de quinta função, mas é melhor vê-la como uma função central e superordenada do eu. Ela reflete o fato de que certa quantidade de energia se encontra livremente disponível na consciência, como uma divisão móvel ou unidade de reserva. Essa energia psiquicamente disponível está à disposição da consciência. Assim, pode-se, por exemplo, se envolver a pensamentos e sentimentos de forma concentrada. Com a vontade, pode-se direcionar, intensificar, diminuir ou suprimir as funções. É, portanto, uma função dinâmica do eu. Evidentemente, essa função está sujeita a certas condições. Não se pode querer sob todas as circunstâncias. Às vezes, a vontade é interrompida por outras situações, por impulsos súbitos, pulsões, que emergem do eu. Enquanto o eu não se esgota, porém, goza de total liberdade no uso dessa reserva de energia móvel. Mas a vontade é de fato esgotável. Quando você está cansado, sua vontade enfraquece e uma espécie de estado desencorajado se instala.

No entanto, a vontade não é um instinto, mas uma conquista de nossa história cultural. Gradualmente, nós criamos uma reserva de vontade, que foi arrancada da natureza. A vontade é um fenômeno cultural distinto. Quando a vontade é retratada em uma imagem ou sonhada, é sempre representada como um instrumento, uma arma, um equipamento, uma faca ou algo semelhante. Isso significa que é algo que os seres humanos fizeram.

Os primitivos não têm tal vontade, pois a vontade não é um impulso. O que parece vontade nos primitivos é, na verdade, seu impulso; em outras palavras, eles não "têm a intenção consciente de querer" o que querem. Há uma tribo de habitantes de cavernas, que visitei recentemente[73]. Sua linguagem ainda lembra os sons da natureza; o galo, por exemplo, é *quikondi*;

---

73. Jung está se referindo aqui à sua expedição aos elgonyis, em 1925 (Jung, 1962, pp. 282ss.).

a galinha, *ga ga*; e o lamento tão frequentemente ouvido nestas partes: *kungum kungum*. Em determinado momento, tive que escolher meu mensageiro entre os membros desta tribo, a uns bons 120 quilômetros da ferrovia de Uganda, que estava sendo construída na época. Um homem, um corredor muito bom, foi trazido até mim. Dei-lhe as cartas e disse: "Agora, leve-as ao homem branco que vive na grande fera, isto é, na locomotiva a vapor, pois os brancos moram em casas sobre rodas". Assim, dei-lhe as cartas, mas ele apenas me encarou de boca aberta e permaneceu ali parado, tão estupefato quanto antes, mesmo depois de o intérprete ter falado com ele. Então, veio nosso "headman" [chefe ou capataz][74], que era tão negro quanto o corredor: "Sabe, esses negros são realmente estúpidos. Você não pode falar com ele assim. Vou lhe mostrar como fazer isso!" Ele pegou um chicote, brandiu-o, amaldiçoou o mensageiro, seus filhos e os filhos de seus filhos, seus ancestrais e assim por diante, e por fim chicoteou seu traseiro. Ele o deixou em grande estado de excitação em relação às cartas do chefe branco esperando aqui, e sobre o outro chefe branco esperando por elas em sua grande besta, e ele em seguida desenhou o corredor como uma flecha entre os dois. Finalmente, o mensageiro começou a mover os pés, saiu correndo e, acredite, não parou de correr até ter percorrido todos os 120 quilômetros. Era apenas uma questão de colocá-lo no estado de espírito certo.

Entre[75] os nativos australianos, se um homem é assassinado por alguém da tribo vizinha, não adianta reunir um conselho para discutir isso, pois eles não estão nem um pouco interessados. Eles precisam ser provocados até um estado de raiva. Um rito é realizado no homem em questão, uma

---

74. Este termo está em inglês nas notas.

75. Este parágrafo foi retirado (com pequenos ajustes estilísticos) de Hannah (p. 107). É apenas fragmentário em Sidler e ausente em Schärf.

espécie de movimento de coito, até que ele fique realmente zangado. Então, ele é puxado pela barba, e o homem se ergue num pulo: "Eles mataram o meu irmão!" Aí, eles saem correndo e, se encontrarem um homem da outra tribo, eles o matarão, e o assunto estará resolvido. Porém, se não encontrarem ninguém, a raiva passa, eles vão para casa e tudo tem que ser recomeçado. Vejam que tal tribo é apenas uma massa preguiçosa, sem energia à sua disposição, a menos que seja colocada no estado de ânimo por um *rite d'entrée*. A vontade é uma conquista humana e, portanto, sempre o sinal de uma cultura superior.

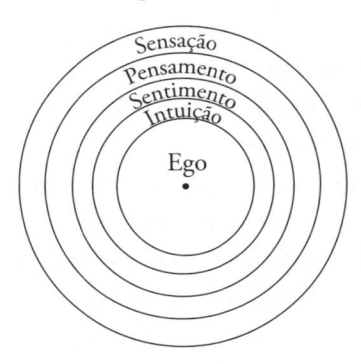

Agora, vou abordar outro grupo de funções psíquicas, embora o termo "função" seja um tanto duvidoso aqui; seria mais apropriado falar de condições psíquicas básicas. Aqui está um diagrama.

A consciência pode ser representada por uma área limitada, na qual a sensação é a função mais forte neste caso. Dependendo do tipo, é claro, qualquer outra função pode ser a superior. Agora, todas essas percepções sensoriais não são conscientes, a menos que estejam relacionadas a um "eu". O eu é o centro ao qual tudo se refere.

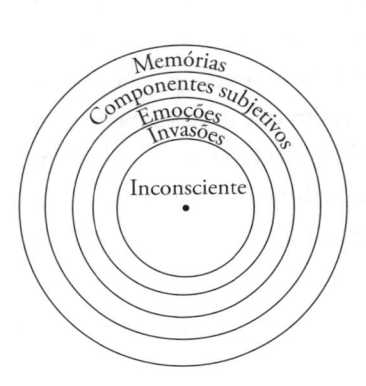

Embora seja o que está mais próximo de nós, na verdade é algo bastante desconhecido, algo altamente misterioso, um grande enigma. Nada é consciente se não estiver relacionado a um eu. Só podemos descrevê-lo de fora. O eu, por exemplo, é a sensação de todo o meu corpo e do meu ambiente, meus pensamentos, sentimentos e intuições, e além disso algo mais.

Se eu tenho uma sensação ou um pensamento, seu conteúdo não é apenas um fato dado, mas algo que vem de nosso interior, e se acrescenta a ele. Quando vejo uma pintura, por exemplo, ela "me lembra algo". Além dessa lembrança, ou subordinada a ela, aparece a chamada parte subjetiva da função da consciência. No caso do pensamento, isso significa que não posso conceber um único pensamento sem que algum conteúdo apareça automaticamente em mim, para então se assimilar a esse de fora. É este conteúdo que me permite ter um pensamento em primeiro lugar. Isto é, não posso ter um único pensamento sem primeiro ter uma noção interna dele. Pois a mente não é uma *tabula rasa* nem uma lousa em branco. Cometemos o grande erro de pensar que as crianças nascem como uma *tabula rasa*, mas não é assim[76]. Existe um inconsciente, no qual todas as representações de ideias já estão presentes no material genético, por assim dizer. Tudo já está estabelecido na memória herdada da humanidade. É daí que vem a parte subjetiva de todas as funções psíquicas.

Se você tem uma sensação ou uma percepção, um fato surge de dentro de você, que pode ou não ser processado no fim. De qualquer forma, você sempre guardará alguma coisa. Se alguém lhe perguntar: "O que você está pensando?", você destacará algo e excluirá todo o resto. Você terá um pensamento principal e ao lado dele um grande número de pensamentos secundários, que você sabiamente guarda para si mesmo. E é assim que deve ser, pois de outra forma não haveria individualidade. Caso contrário, poderíamos simplesmente ser todos idênticos e seríamos como cupins. Esses pensamentos secundários fazem do eu o guardião do grande selo de

---

76. Esta frase aparece apenas em Hannah (p. 108). Essa visão foi enfatizada muitas vezes por Jung em suas obras.

todos os segredos. Aqui já estamos nos aproximando da vizinhança do inconsciente, na qual se guardam todas aquelas questões nas quais é melhor não pensar – as chamadas repressões.

Por um lado, o campo interno do eu, que podemos imaginar como uma esfera oca, é algo plástico no qual as experiências se imprimem, ou seja, moldes de memória ou os chamados engramas[77] que se imprimiram na massa plástica da psique. Por outro lado, esse "interior" não é apenas uma superfície plástica. Também tem vida própria. Pode até produzir coisas muito poderosas, especificamente afetos e emoções. O termo "afeto" significa uma condição que foi provocada; o latim *affectum* indica o que me foi feito a mim. "Emoção", por outro lado, refere-se a algo que irrompe ou explode; *emotio* = um movimento para fora. Em um estado de afeto, sou afetado: "Ele fez isso comigo!"

Assim, há uma terceira camada, a das emoções. A emoção é frequentemente confundida com sentimento, mas é algo diferente. O sentimento sempre envolve avaliação, é uma função valorativa, enquanto a emoção é involuntária; no afeto, você é sempre uma vítima[78]. Se eu for um grande artista, poderei retratar um sentimento artificialmente, mas isso nunca é genuíno. O afeto genuíno existe sempre que sou dominado por um estado emocional. Não se é de modo algum humano em estado de afeto, mas uma massa sem sentido. Afetos são tipos de explosões que vêm de dentro. Consequentemente, as emoções nada têm a ver com o sentimento; são estados psicofísicos.

A teoria dos afetos de James-Lange afirma que o afeto é apenas uma questão de sentir certas mudanças viscerais ou

---

77. Termo cunhado pelo zoólogo, biólogo evolucionista e pesquisador de memória alemão Richard Semon (1859-1918) para traços de memória ou efeitos posteriores de estimulação que conservam as mudanças no sistema nervoso (Semon, 1921).

78. Esta frase aparece apenas em Hannah (p. 109).

vasomotoras[79]. Por exemplo, você acha uma situação incômoda ou irritante. Bem, isso é um sentimento. Quando as coisas vão longe demais, no entanto, e seu sistema vascular se torna inervado, seus vasos sanguíneos se dilatam. Você "ficará com o rosto vermelho" e a partir daí "perderá a cabeça". Você começará a suprimir sua respiração e assim por diante.

Um quarto grupo ou camada envolve algo que transcende as emoções. As emoções são, na realidade, condições caracterizadas principalmente por seus efeitos fisiológicos. São estados afetivos difíceis de definir em termos precisos. Nessa camada, porém, encontramos as chamadas invasões do inconsciente. Seu conteúdo é tangível e pode ser colocado em palavras.

---

79. Essa teoria foi desenvolvida independentemente por William James (1842-1910), o famoso psicólogo e filósofo de Harvard, e pelo fisiologista dinamarquês Carl Lange (1834-1900). Estritamente falando, refere-se à origem e natureza das emoções, não afetos, e afirma que toda emoção é derivada da presença de um estímulo, que evoca uma resposta fisiológica, que por sua vez faz uma pessoa sentir uma emoção específica. A teoria foi criticada de várias maneiras, mas também foi argumentado que pelo menos uma parte dela ainda é válida. Jung tinha James em alta estima. Eles se conheceram na Clark University em 1909. Jung o chamou de "uma das pessoas mais notáveis que ele já conheceu" e "um modelo" (in Shamdasani, 2003, p. 58).

# Palestra 6

Um correspondente escreveu para perguntar exatamente o que é individualidade[80]. Não posso responder a essa pergunta neste contexto, ainda mais porque essa pergunta não é pertinente ao nosso assunto atual. É sobre o "eu" que estamos tratando aqui. Há uma diferença considerável entre o "eu" e a "individualidade": o eu é a consciência da nossa "talidade" [*So-sein*], enquanto a individualidade é essa talidade. A individualidade, isto é, o si-mesmo, se estende muito além do eu. O si-mesmo é uma questão empírica, não algo que existe *a priori*. O fato de estarmos conscientes de nosso eu não significa que saibamos alguma coisa sobre nosso caráter e assim por diante; aliás, é apenas no curso da vida, na verdade no entardecer da vida, que podemos dizer quem realmente somos.

* * *

Continuemos com nosso assunto atual e, primeiro, recapitulemos o diagrama.

---

80. Carta de Margrit Zwingli, de 30 de maio de 1934 (Arquivos do ETH).

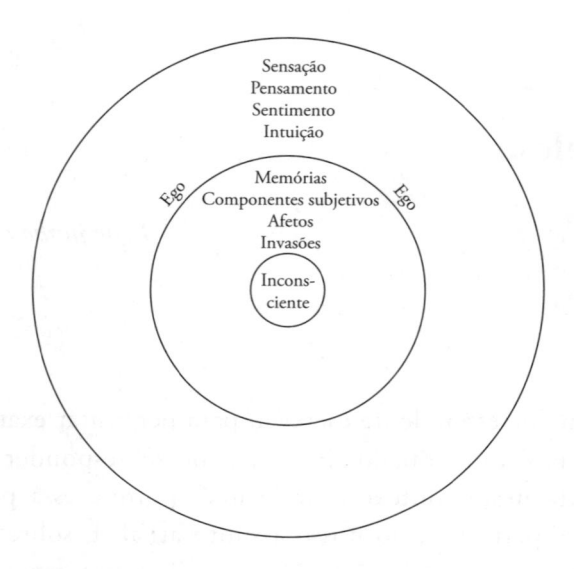

A superfície mais externa de nossa consciência esférica é caracterizada, neste exemplo, pela sensação. A intuição, portanto, está no mais íntimo; neste caso, é a função mais "ofendida" da consciência, pois é a que mais está pressionada contra a parede. Todas essas são funções da consciência, que representam as atividades do eu. À primeira vista, isso parece um fato curioso. Em essência, o eu consiste primeiro em memórias, isto é, em uma certa continuidade, e depois em uma série de segredos muito pessoais, isto é, os chamados porções ou componentes subjetivos. Além disso, o eu também está sujeito a sofrer uma série de afetos.

Por último, há outra categoria, a saber, as chamadas incursões ou invasões do inconsciente. Os afetos já são, em certo sentido, algo como incursões do inconsciente e mostram um pouco de seu caráter. Eles "acontecem" conosco, e muitas vezes somos agredidos por eles como numa explosão. Em geral, porém, ainda somos capazes de exercer algum controle sobre eles com a vontade e explicá-los como sequelas da percepção de reações emocionais. As incursões, no entanto, não se prestam prontamente a qualquer explicação racional. Via de regra, não estão mais dentro da continuidade de nossa consciência, mas emergem de uma esfera de escuridão. Surgem abruptamente, para nossa própria surpresa – e, se as comunicarmos, também para surpresa de nosso ambiente.

Sob certas circunstâncias externas, uma ideia com certos conteúdos pode ocorrer de repente, por exemplo, ou um certo estado de espírito pode dominar, ainda que ele não pareça ter nenhuma relação racional com essas circunstâncias externas. Por exemplo, você deveria estar concentrado em uma palestra maçante, mas em vez disso se envolve de forma lúdica com outras coisas, ou tem fantasias, o que é compreensível, porque naturalmente é mais agradável brincar com algo mais divertido do que a palestra. Também pode acontecer, porém, que enquanto você está ocupado com algo de grande interesse para você, de repente apareçam opiniões, preconceitos contra certas pessoas ou imagens fantasiosas, talvez de natureza perturbadora. Aqui, essas incursões mostram ainda mais claramente seu caráter autônomo. Também podem ter caráter de ilusões ou, em momentos muito intensos, até mesmo de alucinações. Exemplos clássicos são as visões de Goethe a caminho de casa voltando de Sesenheim[81] ou as visões de Saulo a caminho de

---

81. Goethe descreveu essa experiência em *Poesia e verdade* (1808-1831 [1848], p. 433): "Em meio a toda essa pressão e confusão, não poderia deixar de ver Frederica mais uma vez. Foram dias dolorosos, e a lembrança deles não permaneceu comigo. Quando estendi a mão para ela de cima de meu cavalo, as lágrimas encheram seus olhos e me senti muito desconfortável. Eu agora cavalgava pela trilha em direção a Drusenheim, e aqui um dos presságios mais singulares tomou conta de mim. Eu vi, não com os olhos do corpo, mas com os da mente, minha própria figura vindo em minha direção, a cavalo, e na mesma estrada, trajando uma roupa que eu nunca havia usado; era cinza-azulada com um pouco de dourado. Assim que despertei desse devaneio, a figura desapareceu por completo. É estranho, porém, que oito anos depois, eu me encontrasse na mesma estrada, para fazer mais uma visita a Frederica, com o traje com que sonhara e que vestia, não por escolha, mas por acaso".

Damasco[82]. Naturalmente, este capítulo também inclui todas as manifestações patológicas em neuroses ou psicoses.

Isso seria o máximo que podemos saber sobre as condições da percepção interior. Depois vem o que é mais íntimo, do qual não temos conhecimento, e que chamamos de inconsciente, cujo significado é "aquilo que não conhecemos". E, no entanto, essa hipótese é de alguma forma necessária; na verdade, é um postulado. Nós a postulamos porque "algo emerge dali", assim como as pessoas supunham que havia cavernas subterrâneas porque coisas saíam do solo. Então, vamos supor que esse tipo de caverna exista. Também seria possível, porém, que coisas surgissem do nada, de uma *"no man's land"* [terra de ninguém][83]. Nem mesmo é possível provar que essas coisas existem quando estão no inconsciente, pois o caráter essencial do inconsciente é que ele é desconhecido. Assim, quando falamos de "inconsciente", estamos apenas usando um conceito-limítrofe negativo, que indica: é escuro ali. Não temos conhecimento do que realmente acontece lá. Postulamos, no entanto, que as coisas das quais não estamos conscientes *neste momento* mesmo assim existem, na forma de traços de memória, por exemplo, ou de disposições, que são armazenadas como "ideias" platônicas no céu. Podemos, desse modo, supor que o inconsciente é uma espécie de céu platônico, onde existem imagens que esperam se tornar conscientes. É como se levassem uma existência no inconsciente de onde saem nas oportunidades certas. Essas são, é claro, noções antropomórficas, que temos sobre algo que é simplesmente incognoscível.

---

82. At 9,1-5. Em suas obras, Jung repetidamente se referiu à visão de Saulo/ Paulo, o "protótipo" de "conversão milagrosa" (OC 10/1, § 566).

83. Esta expressão está em inglês nas notas.

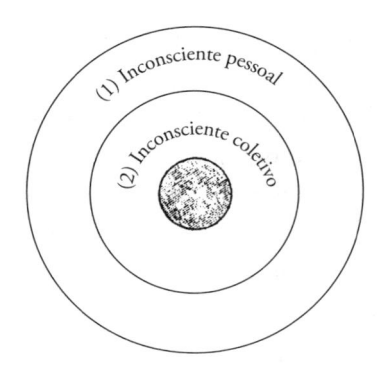

(1) Inconsciente pessoal

(2) Inconsciente coletivo

Agora podemos fazer distinções sobre os tipos de coisas que invadem a consciência, assim como a física moderna faz hipóteses sobre o que acontece dentro do átomo. Essas distinções são puramente hipotéticas, mas precisamos fazê-las para termos uma ideia desses fenômenos. Portanto, dependendo do caráter das coisas que irrompem na consciência, podemos distinguir entre conteúdos pessoais, por um lado, e conteúdos coletivos, por outro.

Conteúdos pessoais são todos aqueles conteúdos psíquicos que adquirimos ao longo de nossa vida, traços de memória, que ocasionalmente irrompem na consciência com mais ou menos energia ou "carga". Assim, presumimos que exista uma certa camada superior do inconsciente que contém os traços pessoais.

Os conteúdos coletivos são fundamentalmente diferentes dos pessoais, mas, em geral, são muito difíceis de discernir, embora sejam tão diferentes entre si. Geralmente, aparecem de tal forma que leva a crer que são lembranças pessoais, e somente um exame mais minucioso revela que seu aspecto pessoal é apenas uma metáfora. É como se a consciência tivesse construído uma linguagem profissional sobre essas percepções, ou como se esses conteúdos coletivos tivessem se revestido de tais lembranças ao atravessar a camada pessoal. Também pode acontecer que o interessado se identifique com este conteúdo e o trate como se fosse de sua propriedade pessoal.

Pois bem, tudo isso é muito abstrato, e eu deveria explicar com a ajuda de exemplos. De qualquer forma, a psicologia atual ainda não está pronta para examinar essas coisas de uma maneira adequada. Recentemente, um estudioso francês[84] me disse que seria de fato uma ideia muito mística supor que exista um inconsciente coletivo. Respondi que não via nada de místico nisso, pois trata-se realmente de uma ideia muito prática. Afinal, seria totalmente impossível para os seres humanos se comunicarem se não tivessem uma base comum de funcionamento mental humano. A base da experiência humana é sempre a mesma, e é por isso que podemos nos identificar com os povos mais primitivos e, até certo ponto, entender suas pinturas rupestres. Nossas línguas também apontam para raízes comuns, e há palavras primordiais da humanidade. Na costa leste africana, também dizem "baba"[85] e "mama" – infelizmente, "baba" é usado para mama e vice-versa. As emoções humanas são as mesmas em todos os lugares. E também em animais: se você pegar uma maçá de um macaco, ele ficará com raiva exatamente como um humano. Através da parte animal no inconsciente coletivo, podemos alcançar camadas muito profundas e olhar de volta para períodos infinitos de tempo por meio destes traços animais. O período do homem primitivo é muito curto em comparação com o período animal.

Tomemos, por exemplo, os chamados sonhos voadores. Você se sente não como se estivesse voando, mas *nadando* no ar. Já há várias décadas, tal particularidade levou um estudioso alemão[86] a concluir que isso era um traço de memória do fato de que a espécie humana passou muito tempo em estado anfíbio. É certo que a espécie humana provavelmente passou a maior parte de sua existência em um estado anfíbio, e é por isso que

---

84. Possivelmente Lucien Lévy-Bruhl (1857-1939), a quem Jung havia convidado para falar no Clube de Psicologia de Zurique nessa época. Sobre Jung e Lévy-Bruhl, cf. Shamdasani, 2003, pp. 290-293, 296-297. Com agradecimentos a Sonu Shamdasani.

85. Em alemão, *Papa* = papai.

86. Talvez uma referência a Ernst Haeckel (1834-1919) e sua teoria da recapitulação ("ontogenia recapitula a filogenia").

traços animais predominam em nós, assim como os vestígios possivelmente de um milhão de anos do homem pré-histórico primitivo ainda estão em nós. Neste último caso, podemos fornecer evidências ainda mais fortes; todos os traços essenciais do homem primitivo ainda estão presentes em nós. Podemos vê-los claramente; nós apenas acreditamos que eles são modernos.

Hoje, os pesquisadores ainda pensam que os homens primitivos são extremamente primitivos porque muitas vezes não conseguem explicar seus próprios ritos. Por exemplo, quando o sol nasce, eles sopram ou cospem em suas mãos e as levantam em direção ao sol nascente[87]. Por que fazem isso? Na verdade, eles não sabem; seus pais já faziam o mesmo, assim como seus avós, e assim por diante. Nesses casos, sempre se culpa os pais ou avós, e estes culpam *seus* pais e avós. Vamos supor que eu direcionasse minha expedição para o Zürichberg em vez de para a selva africana e estudasse os hábitos da população local em seus "kraals". Eu perguntaria a eles: "Vocês também têm cerimônias religiosas?". "Não", eles responderiam, "bem, talvez em tempos passados!" Mas, aí, numa manhã de Páscoa, eles sairiam para seus jardins e fariam coisas misteriosas nos arbustos. Deveríamos perguntar a eles: "O que vocês estão fazendo? Vocês adoram ídolos de coelho e os ovos representam algum ritual mágico ou de fertilidade?". Eles não sabem. Como essas pessoas são tão primitivas! E o mesmo vale para a época do Natal. Senhoras e senhores, é extremamente difícil saber o que significa a árvore de Natal. Ela remonta a um passado distante e tem muitas ramificações[88]. Sempre presumimos que houve

87. Uma cerimônia dos elgonyis (cf. Jung, 1962, p. 296).

88. Jung gostava de citar os costumes da árvore de Natal e dos ovos de Páscoa como exemplos de como os ocidentais também passaram a aceitar imagens arquetípicas "sem questionamento, sem reflexão", pelo fato de que "as imagens arquetípicas têm um sentido *a priori* tão profundo que nunca questionamos seu sentido real" (OC 9/1, § 22; cf. Jung, 2020, pp. 225-226).

uma época heroica em que nossos antepassados sabiam o motivo, mas nos enganamos – eles nunca souberam. Sabemos mil vezes mais sobre esses assuntos do que nossos ancestrais. Eles simplesmente faziam essas coisas. Realizavam as cerimônias mais estranhas, envolvendo cobras, dragões, monstros coloridos, até que de repente alguém perguntou: "Por que estamos fazendo isso?". Somente depois de centenas de milhares de anos simplesmente fazendo coisas é que os humanos começaram a pensar. Estamos despertando muito lentamente de um sono profundo de *participation mystique*[89], um rico estado primordial, no qual as coisas eram vividas.

Nós também ainda fazemos coisas que não entendemos, porque ainda não despertamos completamente. Continuamos vivendo coisas que ainda não pensamos. As pessoas fazem certas coisas quando "são as coisas que estão pensando nelas". Por exemplo, este momento incrivelmente impressionante quando o sol se levanta no horizonte e dispara suas primeiras flechas em direção ao céu. Desta forma, podemos entender os rituais do sol: o nascer do sol cativa as pessoas emocionalmente, e então elas simplesmente precisam fazer alguma coisa – embora não possam explicar por quê. Não é verdade que todos gritam de alegria quando chegam ao topo de uma montanha na Suíça? Ou no balneário público, todo mundo solta gritinhos estridentes. Você simplesmente tem que fazer alguma coisa quando pode se expor em uma fantasia tão ousada ou mergulhar em água fria![90]

---

89. Esta expressão aparece apenas em Hannah (p. 112).

90. Em 1929-1930, uma praia pública foi instalada na propriedade vizinha de Jung (Stiftung C. G. Jung Küsnacht, 2009, p. 48), fazendo com que tivesse um muro de dois metros de altura erguido entre os dois lotes. Parece provável que Jung tenha falado (também) de sua própria experiência com o barulho vindo de lá. Com agradecimentos a Ulrich Hoerni.

Com a chegada da primavera, somos movidos por algo desconhecido a subitamente nos tornarmos ativos e achamos que essas tradições remontam ao pai e à mãe. Atribuímos isso a nossos antepassados, e com isso acreditamos que conseguimos explicar. Mas não explicamos nada. A verdade é que o pensamento inconsciente – a vida inconsciente dentro de nós – nos compele a nos comportar de acordo. Quando a primavera chega e tudo é novo e cheio de esperança, então, algo deve ser feito com isso – a favor ou contra! Se alguém está com medo, então deve [...][91], e caso contrário deve-se arranjar coelhinhos da Páscoa, esconder ovos, e assim por diante.

É exatamente a mesma coisa com meus negros. Eles são cativados pelo primeiro raio do sol, e então sopram e cospem em suas mãos, e as levantam em direção ao sol nascente. Chamam a respiração humana de *roho*, que também significa vento e espírito, e o último suspiro de uma pessoa que está morrendo. Também em outras línguas: no alemão *röcheln*, no hebraico *ruach*, no latim *pneuma*. O Espírito Santo é de fato o Vento Santo. Consequentemente, a Bíblia gótica traduz o Espírito Santo como *atu*, o sopro, e na Igreja Católica o Espírito Santo é o sopro que viaja entre o Pai e o Filho. Cuspir faz alusão a um espírito, um lugar "assombrado"[92]. A saliva é considerada uma substância vital que contém *mana*. Tem um efeito curativo. No Novo Testamento, Cristo faz uma pasta de saliva e terra para curar o homem cego[93].

Quando os negros cospem nas mãos e as levantam em direção ao sol nascente, entregam sua alma a Deus, como se

---

91. As reticências são de Sidler, que obviamente não entendeu o que Jung disse neste momento. Não consta em Schärf e Hannah.

92. Jogo intraduzível com as palavras *spucken* (cuspir) e *spuken* (ser assombrado). Não há evidências, no entanto, de uma raiz etimológica comum a *spucken* e *spuken*.

93. Jo 9,1-7.

quisessem dizer: "Em tuas mãos entrego meu espírito"[94]. Deus é o momento em que, depois desta noite tropical, tão assustadora e bizarra, o sol nasce. O nascer do sol nessas regiões é um momento incrivelmente impressionante. Não há amanhecer, o dia se transforma imediatamente em noite e vice-versa. Então, é por isso que o aparecimento da luz é um momento tão incrível, pois qualquer coisa que desencadeie afetos em nós também desencadeia afetos nos primitivos. Nós rimos daquelas almas sensíveis que sobem o Uetliberg[95] para assistir ao nascer do sol, mas quando nós mesmos o experimentamos, também ficamos emocionados, pois nós também somos seres humanos.

O inconsciente evidentemente engloba processos psíquicos que já se perderam na consciência e se tornaram esquecidos ou que ainda não existem e ainda não nasceram. Ou seja, ainda não são dados à consciência. Assim, não só o inconsciente contém traços de memória, mas também traços do que deve vir e se tornar criativo. Tudo[96] brota do inconsciente coletivo. Muitos ensinamentos de Jesus, por exemplo, já podem ser encontrados em seu primo, Mitra. Os conteúdos do inconsciente coletivo – as incursões que se infiltram pela camada pessoal – assumem seu modo de manifestação, ou seja, as qualidades da vida pessoal. Este inconsciente coletivo é uma fonte. Ao mesmo tempo que abriga os vestígios da memória do passado, contém também as sementes criativas que não pertencem realmente ao indivíduo, mas à humanidade em geral. O que emerge do inconsciente pessoal é "assunto meu"; o que emerge do inconsciente coletivo são questões relacionadas à humanidade em geral e, portanto, não só a mim nesse sentido.

---

94. Lc 23,46.

95. Montanha "quintal" de Zurique, 2.851 pés acima do nível do mar.

96. Esta e a frase seguinte aparecem apenas em Hannah (p. 113).

Quando meus negros saúdam o sol, por exemplo, isso é um assunto coletivo, não uma questão de preferência individual. E também tem um efeito contagiante. Quando saúdam a lua nova, por exemplo, fazem um gesto como este[97]; e então nós também acenamos com o chapéu todas as vezes. Quando você está no meio de uma multidão agitada, você também é agitado, apesar de toda lógica e discernimento, que não contam para nada. E pode ter certeza de que ninguém se agita por nada. Somos sempre movidos por *alguma coisa*. Também somos supersticiosos, porque somos infalivelmente afetados por questões coletivas. Então, quando você estiver entre os primitivos, também será agitado. Você irá acreditar e sentir coisas que não pode assimilar de outra forma. Quando[98] estamos no meio de uma multidão e não entendemos uma piada, ainda assim rimos, porque somos movidos pela emoção da multidão. Não há lógica nisso, mas é um fato. Não adianta dizer que isso "nada mais é" do que isso ou aquilo; as pessoas não são movidas por algo que não é real. Se eu não fosse psicólogo, poderia mentir sobre isso toda vida e fingir que não me importo com isso! Mas eu também sou movido por essas coisas; ninguém seria humano se não fosse assim! Estaríamos simplesmente reprimindo um fato primordial. Este é o problema dos nossos tempos. Suprimimos o pensamento primitivo. Somos intelectuais, nos colocamos acima da humanidade e, portanto, não somos mais capazes de sentir como os seres humanos sempre sentiram.

Não devemos acreditar, porém, que essas coisas sejam sempre boas e belas. O mal demoníaco e incompreensível também existe nos seres humanos, e isso é quase ainda mais contagioso. O que representa perigo é exatamente essas coisas que reprimimos e não queremos. Portanto, é bom tornar-se consciente

---

97. As notas não especificam que gesto Jung fez aqui.
98. O trecho seguinte até "nada mais é" também é tirado de Hannah.

dessas coisas e saber que somos humanos, como todos os outros, sentindo as mesmas coisas. As coisas não são como estão descritas no velho manual do Corpo Médico Suíço: "O cérebro é como uma tigela de macarrão"[99]. O inconsciente não é apenas um recipiente cheio de várias coisas, mas um ser vivo com um significado e um propósito em si mesmo. É intencional, vivo, e não simplesmente organizado em linhas causais. Ele se esforça em direção a um objetivo e constantemente procura um meio de atingir esse objetivo. O mesmo vale para o inconsciente coletivo. No entanto, ele não procura encontrar o seu caminho pessoal, mas sim caminho do ser humano, de toda a humanidade[100]. Essa percepção marca o início dos esforços do homem ocidental para abandonar o caminho de sua estreita mentalidade intelectual.

---

99. Jung contou a mesma anedota em uma entrevista para Stephen Black em 1955: "Brincando com meus alunos, contei a eles sobre um velho manual do Corpo Médico do Exército Suíço que descrevia o cérebro dizendo que parecia um prato do macarrão, e o vapor do macarrão era a psique" (*In*: McGuire & Hull, 1977, p. 262).

100. Sidler e Schärf trazem: "toda a gente".

# Palestra 7

*8 de junho de 1934*

Recebi duas perguntas. Há uma carta esperando por uma senhora, e ela poderá vir buscá-la após a palestra de hoje. A segunda pergunta diz respeito à questão do inconsciente coletivo[101], do qual tratarei ao longo desta palestra.

\* \* \*

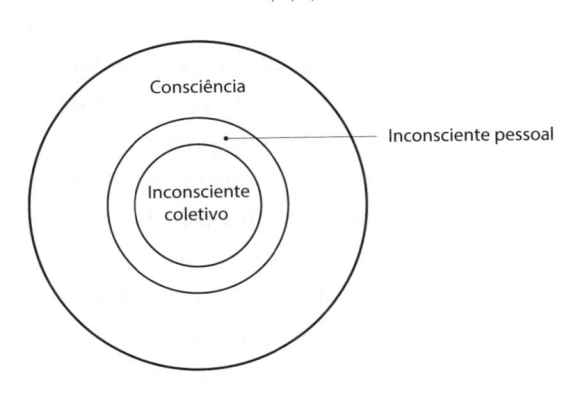

O inconsciente coletivo não apenas é um *receptaculum* do passado, mas também um organismo vivo que contém tanto o desenvolvimento futuro quanto o passado. O passado histórico projeta suas sombras em nossas almas, e sombras ainda maiores, na verdade. A sombra do futuro nos permite aprender

---

101. Carta de 5 de junho de 1934 de Hans Ludger, estudante de arquitetura, perguntando se existe, "além do inconsciente coletivo, também um inconsciente coletivo da raça e talvez também da família" (Arquivos do ETH).

coisas maiores e mais importantes sobre alguém do que a sombra do passado. Psicologicamente falando, afastamo-nos do passado e nos voltamos para o futuro. O primeiro é vivo e reproduzível em nós na forma de memórias. Nossas recordações de infância são eternas e podem irromper ou serem evocadas a qualquer momento.

Dada a influência da história no ser humano, é ainda mais surpreendente que o futuro – isto é, o que ainda não existe – também seja poderoso. No inconsciente, porém, parece que essas coisas já existem de alguma forma, como uma semente que é difícil de decifrar. Mas, na realidade, essas coisas não se assemelham nem um pouco a sementes; estão presentes em toda a sua força, embora não possamos explicá-las. Sempre procuramos explicar as questões através do passado, e nossas tentativas de fazê-lo geralmente falham. Consequentemente, há uma série de coisas que não podemos explicar exatamente – a menos que já tenham acontecido. Obviamente, a atividade criativa do inconsciente é um tópico muito complexo e, ao mesmo tempo, altamente interessante. O organismo está sempre criando novos objetivos; porém, não a partir do nada, mas sim do passado – especificamente da imagem do passado. Quanto mais prospectivas e fortes forem as coisas que o inconsciente cria, mais profundos e antigos serão os passados dos quais elas foram reunidas. Na maioria dos casos, grandes criações evocam imagens primordiais.

O termo "arquétipo" remonta a Agostinho e designa algo semelhante a "eidola" de Platão, isto é, imagens depositadas na alma humana desde tempos imemoriais[102]. São imagens de

---

102. Cf. OC 11/5, § 845: "[E]ntre as qualidades psíquicas hereditárias há uma classe particular que não encontra limitações essenciais nem de ordem familiar, nem no plano racial. São as disposições espirituais de caráter genérico, entre as quais devemos considerar de modo particular um certo tipo de *formas* de acordo com as quais o espírito ordena, por assim dizer, os seus conteúdos. Poderíamos

situações típicas, pelas quais a humanidade se moveu repetidamente. Existem temas míticos que são comuns a todos os povos da terra. Uma das mais belas coleções a esse respeito pode ser encontrada na obra de Leo Frobenius sobre o mito do herói solar[103]. O herói em geral é apenas um desses arquétipos. Ou uma imagem mais específica seria o tema do perigo ao cruzar uma passagem de água. Dragões podem estar à espera ali – cobras perigosas ou espíritos malignos – ou o herói é atraído para uma emboscada no vau. Um exemplo seria o assassinato do Rei Albrecht por Parricida[104]. É como se o assassino houvesse sido forçado a esperar até que o rei invocasse a situação típica por meio de seu decreto [...][105].

Nos países primitivos, tais situações tornam-se ainda mais evidentes. Na natureza selvagem, é aconselhável sempre cruzar primeiro um rio antes de montar acampamento. Prefere-se não

chamá-los também de *categorias*, analogicamente às categorias lógicas que existem sempre e por toda parte e que constituem os pressupostos essenciais e imprescindíveis do intelecto. Só que no caso das 'formas', em apreço não se trata de categorias do intelecto, mas de categorias da *faculdade imaginativa*. Como os produtos da fantasia são sempre diretamente acessíveis à observação, no sentido mais amplo do termo, suas formas *a priori* têm o aspecto de *imagens*, e de imagens *típicas*, às quais, por esta razão, dei o nome de *arquétipos*, inspirado na antiguidade clássica".

103. Frobenius, 1904. Leo Frobenius (1873-1938) foi um célebre etnólogo alemão, especialmente conhecido por seus estudos africanos. Seu livro sobre o Deus Sol foi várias vezes citado por Jung, mais frequentemente em *Símbolos da transformação* (OC 5).

104. O Rei Albrecht I foi assassinado em 1308 por seu sobrinho Johann, chamado Parricida (=assassino de chefe de estado, traidor, assassino de parente próximo) (1290-1313), ao cruzar o Rio Reuss.

105. Está assim nas notas de Sidler, em que falta a suposta declaração do rei. Existem diferentes versões, ou lendas, deste incidente na literatura. Jung contou a história assim em *Seminários sobre sonhos de crianças*: "Parricida já poderia tê-lo assassinado antes. Porém, somente quando cavalgaram para o vau, Parricida tomou coragem: 'Para que permitir que esse Chaib continue cavalgando diante de nós' (O Chaib é uma carniça de cavalo), puxou sua espada e matou o Rei Albrecht" (2011, p. 156).

arriscar atravessar a nado, por causa dos crocodilos. Nunca se sabe se uma tempestade vai cair de repente, fazendo com que o rio transborde por dias ou até semanas. Atravessar um rio é sempre uma atividade especial onde os perigos espreitam. Alguém pode cair na água ou a bagagem pode ser perdida. Pode-se também ser atacado por outra tribo em tal situação difícil. Este arquétipo tem, portanto, um efeito muito poderoso na África.

Existe um livro de um alto comissário, intitulado *In the Shadow of the Bush*[106], que contém uma história interessante sobre o perigo de cruzar um vau. Embora não houvesse crocodilos na água, essa travessia em particular era temida pelos nativos "porque era guardada por espíritos de serpente". Ao tomar esse caminho, uma naja atravessou entre ele e sua esposa, que estava à sua frente. Ele sacou o revólver e deu um tiro. Infelizmente, quando a serpente foi baleada, ela voou e arranhou a bochecha de sua esposa, mas com a mesma facilidade poderia tê-la mordido[107].

Somos aconselhados a não acreditar em tais histórias, pois certamente nenhuma naja estará guardando o Elefantenbach[108]. Outras travessias perigosas, entretanto, existem em nosso ín-

---

106. Talbot, 1912.

107. "Certa noite, chegamos à margem do rio um pouco antes do pôr do sol. Ia à frente com a minha arma, atrás vinha Bimba, depois minha mulher, seguida do nosso coletor botânico. De repente, ouvi um grito de alerta e, olhando para trás, vi minha esposa apontando para uma pequena naja que havia cruzado a trilha entre ela e sua irmã. Bimba imediatamente passou por mim, de modo a ficar fora do caminho, e nossas posições então formaram um triângulo, sendo a cobra, entre mim e minha esposa, o vértice. Atirei e pensei que o réptil tivesse sido feito em pedaços, pois desapareceu. No momento seguinte, nosso coletor saltou no ar com um grito de terror. A naja havia sido 'arremessada' pelo tiro em um ângulo aparentemente impossível, atingiu minha esposa na boca com sua cauda e depois caiu um pouco além de seus pés, bem perto dos dedos marrons e descalços de nosso companheiro negro. Quase no mesmo local, um homem de Oban havia sido mordido no calcanhar por uma dessas alguns dias antes e morreu em uma hora" (Talbot, 1912, pp. 89-90).

108. Um riacho que atravessa Zurique.

timo. Não devemos esquecer que temos vaus psicológicos, estreitamentos e dificuldades dentro de nós, que podem aparecer projetados em outra situação, como na travessia da Bahnhofstrasse[109]. É muito fácil explicar isso racionalmente. Mas se alguém está psicologicamente em uma situação difícil internamente, pode ser incapaz de reunir a atenção e tomar as precauções necessárias externamente. Então, tais "coincidências" podem ser reveladoras também em nosso íntimo.

Entre os negros, os arquétipos do vau e outros são muito mais abordados, e tais estados de espírito são extraordinariamente poderosos. A caminho de um determinado local no Monte Elgon, tive que atravessar uma densa floresta de bambu. Os nativos, geralmente cooperativos, reclamaram: "Por que você deseja prosseguir; está tão quente e estamos cansados". Eu disse: "Isso é ridículo, tenho cem anos e vocês são garotinhos!" O cabo até largou o fuzil para mostrar o quanto estava cansado. No fim, eles tiveram que caminhar bem na minha frente e eu segui atrás deles com meu chicote. Deram, porém, tantos sinais de medo que finalmente sussurrei para o cabo a palavra mágica, que não se deve dizer em voz alta: "fantasmas". Aliviado, ele disse: "Sim, de fato, há dez mil deles aqui!" Achei a situação desagradável apenas porque estávamos atravessando o bambuzal em uma trilha de rinoceronte. Tínhamos que fazer nosso percurso curvados, ao longo da trilha sinuosa e desagradável, calcada na vegetação rasteira como um túnel de apenas um metro e meio de altura. A cada curva, corríamos o risco de enfrentar um rinoceronte com um chifre de vinte e cinco centímetros. Densos arbustos de bambu, com cerca de dois metros e meio de altura, nenhum farfalhar e um silêncio mortal; um crepúsculo misterioso, o chão coberto por uns vinte centímetros de folhagem. A pessoa tem a sensação de estar andando debaixo

---

109. A principal rua do centro de Zurique.

d'água e é lançada em um estado emocional inconsciente. É inquietante, o arquétipo da floresta misteriosa. Naturalmente, isso agita o inconsciente coletivo entre os primitivos. O inconsciente coletivo deles está muito mais próximo da superfície, enquanto o nosso está oculto pelas trivialidades de nossa cultura.

Quando cheguei à África, alguém já me disse no primeiro dia: "Posso lhe dar um conselho?". Eu respondi que muito me alegrava receber qualquer conselho, e ele falou: "Sabe, senhor, este não é o país dos homens, este é o país de Deus"[110]. A primeira vez que você chega ao planalto africano, a visão de vastos rebanhos com milhares de animais e os leões ao seu redor causará uma tremenda impressão em você. É uma terra dos deuses, na qual os humanos desempenham de fato um papel subordinado, secundário ao elefante, ao leão, à serpente gigante e assim por diante.

O inconsciente coletivo não apenas é um fator dado muito geral, uma base muito geral da humanidade, que remonta à idade animal, por assim dizer, como também tem uma diferenciação, como indicado nesta imagem.

O azul (área pontilhada) indica o mar. Ilhas erguem-se dele com a altura de dois andares. No mais elevado estão as pessoas individualizadas; são separadas pelo meio do inconsciente.

---

110. Em *Memórias, Sonhos, Reflexões* (=*MSR*), Jung fez um relato mais detalhado desse incidente: "Pela ferrovia de Uganda [...] viajamos até o seu terminal provisório [...] Os meninos descarregaram nosso equipamento. Sentei-me em um baú de provisões [...] e acendi um cachimbo, meditando sobre o fato de que aqui havíamos, por assim dizer, alcançado o limite do *oikumene*, a terra habitada [...] Depois de algum tempo, um inglês idoso, obviamente um posseiro, juntou-se a mim, sentou-se e também pegou um cachimbo. Ele perguntou para onde estávamos indo. Quando descrevi nossos vários destinos, ele me perguntou: 'É a primeira vez que você vem à África? Estou aqui há quarenta anos'. 'Sim', disse ele. 'Pelo menos a esta parte da África.' 'Então, posso lhe dar um conselho? Sabe, senhor, esta terra aqui não é a terra do homem, é a terra de Deus. Então, se alguma coisa acontecer, apenas sente-se e não se preocupe.' Ao que ele se levantou e sem outra palavra se perdeu na horda de negros que fervilhava ao nosso redor" (1962, pp. 285-286).

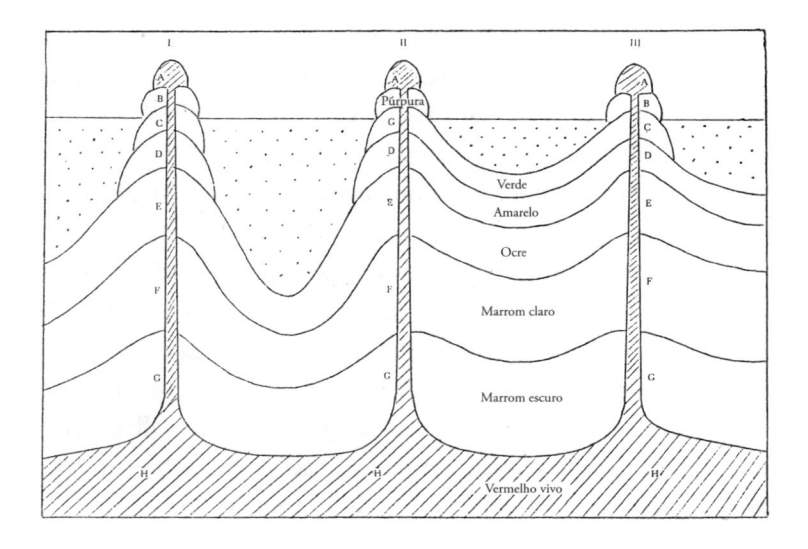

O andar de baixo é o substrato da família. Ninguém está sozinho. Todo mundo traz uma família. Não é você ou sua esposa que tem filhos, mas a própria família tem filhos, como você perceberá com espanto quando tiver seus próprios filhos. Existe um inconsciente familiar, um *spiritus familiaris*, uma série de características familiares que lembram as pessoas dessa família particular, por exemplo, o lábio inferior dos Habsburgos, ou seja, um traço familiar que também vem acompanhado de certos traços psicológicos. Todos são acompanhados por uma espécie de *spiritus familiaris*, do qual eles próprios não têm consciência, mas que muitas vezes é bastante óbvio para os outros. O verde designa o clã, por exemplo, duas famílias que pertencem ao mesmo clã. Lá, um inconsciente de clã se desenvolve. O estrato do clã pode apresentar uma peculiaridade encontrada em um determinado vale. Na Suíça, existem vales inteiros onde todos têm parentesco por sangue. Abaixo disso está a camada da nação, aqui em amarelo, no sentido de uma população de vale ampliada. Bons exemplos dessa camada são os países isolados ou cercados pelo mar, como Inglaterra,

França ou Itália. A experiência psíquica do francês, por exemplo, é nesse sentido diferente da experiência psíquica do inglês, o que você pode provar com centenas de exemplos. A camada ocre é o estrato compartilhado por todos na Europa, por exemplo, ou seja, o europeu em contraste com alguém do Leste Asiático, entre os quais existem diferenças profundas. Muitas pessoas estão convencidas de que nunca seremos capazes de entender a psicologia chinesa. Os chineses não possuem nem a forma europeia de experiência nem as disposições europeias. Ainda mais abaixo está a camada antropoide e abaixo dela a vida animal em geral. A área vermelha indica o fogo central que elevou essas ilhas. Gostaria, portanto, de concluir minhas observações sobre funções psicológicas e passar para uma discussão sobre os métodos.

Hoje, como vocês sabem, existe uma análise do inconsciente. Normalmente, começa-se pela tentativa de avançar da nossa consciência conhecida além do eu, em direção ao inconsciente; e chega-se primeiro à camada do inconsciente pessoal. Ali passamos muito tempo. Geralmente, dá-se voltas na superfície para então abordar em espiral as camadas mais profundas. Isso envolve o perigo de se perder nesse labirinto, andando em círculos e descobrindo apenas o pessoal. Isso ocorre porque as estradas amplas e trilhadas ficam do lado de fora, enquanto os caminhos que levam ao interior são quase impossíveis de encontrar. Então você entra no inconsciente coletivo. Também aqui você pode andar em círculos por muito tempo, simplesmente se movimentando pelas representações arcaicas sem chegar ao centro. Os complexos do inconsciente pessoal, construídos sobre imagens primordiais do comportamento humano, são, por assim dizer, variações individuais de temas gerais. Fica-se facilmente inclinado a permanecer circulando nas variantes pessoais sem chegar ao típico. Uma vez que se entra no típico, toda a questão se desdobra em uma trilha diferente. Isso é difícil de entender, e posso voltar a esse assunto mais tarde.

Os métodos se referem a esse problema de penetrar no inconsciente. Pois essas ocorrências internas geralmente escapam de uma abordagem consciente, não apenas do observador, mas também da própria pessoa. Devemos encontrar algumas formas de trazer esses assuntos internos para uma constelação, de modo que possamos compreendê-los de alguma forma. Por via de regra, a pessoa é explicitamente avessa a se envolver com seu próprio passado. Não é considerado saudável ficar remoendo sobre si mesmo. "Pessoas normais não meditam sobre seus motivos", simplesmente levam a vida de uma forma "pura, piedosa, alegre e livre"[111]. Pode-se, obviamente, entregar-se à própria neurose, mas o estudo do homem também é uma empreitada legítima. Afinal, o ser humano é a tarefa mais nobre da ciência, destacando-se acima de todas as suas outras tarefas. É a tarefa mais elevada e mais interessante, na minha opinião não autorizada.

O método mais simples é o método de associação. Primeiro, mostrarei o experimento em detalhes. Consiste em enunciar a palavra-estímulo à pessoa testada, solicitando-lhe que pronuncie o mais rapidamente possível a primeira palavra que lhe vier à cabeça, ou seja, com referência ao significado da palavra-estímulo, e não ao seu tom ou som. Por razões práticas, basta medir o tempo de resposta em quintos de segundo; maior precisão não é necessária. O experimento de associação é realizado com uma série de palavras. Após o experimento, no chamado experimento de reprodução, pergunta-se à pessoa testada em cada instância qual foi sua resposta original, para ver se ela se lembra de sua primeira reação à palavra em questão; "+" significa sim, "−" para não. Um complexo característico denota uma perturbação, por exemplo, quando a pessoa do

---

111. *Frisch, fromm, fröhlich, frei* era o lema dos ginastas alemães, popularizado por "*Turnvater*" Jahn (1778-1852) e posteriormente instrumentalizado pelos nazistas.

teste hesita, diz "oh", repete a palavra-estímulo, associa "frio" a "água" ou responde com duas palavras em vez de uma, e assim por diante. Aqui está um exemplo:

| | Tempo de reação | Características do complexo | Reprodução |
|---|---|---|---|
| 1. Água | 4/5 | 0 | + |
| 2. Redondo | 4/5 | 0 | + |
| 3. Cadeira | 5/5 | 0 | + |
| 4. Natação | 6/5 | 0 | + |
| 5. Grama | 5/5 | 0 | + |
| 6. Azul | 7/5 | 0 | + |
| 7. *Faca* | 20/5 | 3 | – |
| 8. Ajudar | 15/5 | 3 | – |
| 9. Peso | 10/5 | 1 | – |
| 10. Concluído | 8/5 | 0 | + |
| 11. Montanha | 6/5 | 1 | – |
| 12. Voar | 5/5 | 0 | + |

Com a décima segunda resposta, o nível normal foi reestabelecido. Estas são doze das cem palavras-estímulo que foram usadas. Entre as respostas 7 e 11, observamos um período de perturbações. Mais tarde, haverá ainda outras repetições dessas. Após a palavra "afiado", houve um tempo de reação de 15/5 segundos, e a resposta também não foi lembrada na reprodução. Eu não conhecia a pessoa testada, um homem de trinta e cinco anos. Perguntei a ele: "Você notou que às vezes hesitou ao dar uma resposta?". "Não, sempre fui capaz de responder prontamente." Então, ele estava completamente inconsciente dessas perturbações. "Algumas lembranças ocorreram enquanto você respondia?" "Não." Chamei-lhe, então, a atenção para o fato de ocorrerem perturbações com esta ou aquela palavra. De repente, ele começa a corar. Sente-se desconfortável, torna-se evasivo e quer desistir. No fim, descobre-se que há algo sombrio em sua história pregressa. Ele havia morado no exterior por um longo período e passara seis meses na prisão porque havia ferido gravemente alguém em uma briga de faca. É uma lembrança muito embaraçosa para ele. Ele é um homem respeitável e ninguém sabe desse incidente – ele tem "a skeleton in the cupboard" [Um esqueleto no armário][112]. Esse é o seu complexo. Assim, adota-se esse método se se deseja adentrar nos assuntos pessoais de alguém por motivos profissionais. Se eu tivesse perguntado diretamente se algo o incomodava, ele teria respondido "não". Afinal, há muito preferira esquecer que aquilo havia acontecido. Graças a Deus o episódio estava enterrado e esquecido. Ninguém sabe dele. E, no entanto, isso não é verdade. Fica ali para sempre, pronto para entrar em erupção à menor provocação. Sempre que alguém usa a palavra "faca", por exemplo, ele hesita e seu olho pisca.

---

112. Esta expressão está em inglês nas notas.

# Palestra 8

*15 de junho de 1934*

Da última vez, comecei a discutir experimentos de associação. Hoje, trouxe uma folha com as palavras-estímulo. O caso que descrevi da última vez dizia respeito, como vocês devem se lembrar, a um homem normal, que mais tarde teria preferido esquecer sua experiência. As pessoas têm todo tipo de atitudes possíveis em relação aos seus complexos. Algumas estão em grande parte conscientes de seus complexos, outras preferem esquecê-los e, de fato, outras os ignoram a ponto de sofrerem amnésia.

Agora, gostaria de citar um segundo exemplo. Certa vez, um senhor idoso, um erudito, pediu-me que lhe mostrasse a experiência. Ele morava no exterior e eu o visitei em sua casa. Após cerca de dezessete reações, o velho senhor ficou impaciente: "Você não pode me dizer algo sobre isso? Como algo pode sair disso? Isso não é nada!" Era realmente muito cedo para tirar conclusões definitivas, mas consenti porque ele era um homem idoso. Então, respondi: "Bem, com sua gentil permissão, tentarei lhe contar algo sobre isso". Ele tinha cerca de 70 anos, e estava claro para o olho do médico experiente que a distância que o separava da sepultura fria havia se tornado bastante estreita.

Das dezessete reações, cinco envolveram um tempo de reação prolongado. E então, eu pude dizer a ele:

1. "Você tem medo de morrer de um problema cardíaco."
2. "Você tem dificuldades financeiras."
3. "Estranhamente, você tem boas lembranças de uma certa senhora que falava francês." A princípio, ele fingiu não se lembrar de nenhuma mulher assim, mas então uma expressão carregada de lembranças nublou seu rosto, e vi que havia acertado em cheio.

Aqui estão suas reações:

1. "dinheiro" – "pouco". Alguém teria que ser um tolo para não ter notado algo aqui.
2. "pagando" – "la semeuse"[113], seguindo um tempo de resposta muito longo. Portanto, deve haver uma figura feminina em sua mente.
3. "morte" – "morrer".
4. "coração" – "esfaquear". É o caso da angina pectoris, ou seja, a arteriosclerose de certas artérias.
5. "beijando" – um tempo de reação muito longo, e então ele disse com um sentimento claramente visível: "linda". Eu somei dois com dois. Ele havia estudado em Paris, que eu não conhecia na época.

Essa recordação erótica no fim do outono da vida também é bastante interessante em termos psicológicos. Pertence ao capítulo da grande recapitulação que as pessoas idosas devem empreender para estarem devidamente preparadas.

O terceiro exemplo diz respeito ao caso de um psicólogo bastante conhecido e erudito. Após vinte respostas, a mesma

---

113. Em francês, a semeadora, figura no verso de algumas moedas francesas.

impaciência [do caso anterior] se instalou: "O que isso deveria provar?". Três das vinte respostas vieram com um longo tempo de reação, e em todas as ocasiões ele proferiu a palavra "medo" e nem sempre em um contexto significativo. "Você está com medo." "Não! Eu nunca tenho medo!" "Bem, quem então tem medo?" E é aí que as coisas param, porque você não pode, é claro, provar nada para uma pessoa que reluta em admitir qualquer coisa. É totalmente contra meus princípios forçar as pessoas a admitir qualquer coisa contra sua própria determinação, mas por todos os parâmetros era perfeitamente claro que ele estava com muito medo e que sua concepção de si mesmo como um homem público era mais importante para ele do que o reconhecimento de seu próprio medo. Em uma posição pública, espera-se que a pessoa nunca seja intimidada por alguém, por isso, ele manteve seu complexo de medo em segredo, até mesmo de si mesmo.

O quarto exemplo também diz respeito a uma pessoa que sofria de neurose e que não estava disposta a reconhecer o fato. Essa pessoa era uma senhora de trinta anos, cujo marido me consultou, pedindo que eu examinasse sua esposa. Então, eu atendi a esposa mais tarde, mas consegui muito pouco dela. Ela disse que foi estúpido da parte do marido ter consultado um psicólogo, pois ela não queria discutir sua psicologia. A história dela era péssima desde o início, porque ela era terrivelmente ciumenta. Segundo o marido, ele não conseguia entender a esposa de forma alguma, porque não lhe dava motivo algum para ter ciúmes. E, de fato, sua aparência não dava motivos a ela para ciúmes! Além disso, ele era protestante, e ela, católica praticante. Ambos sustentaram, no entanto, que isso não fazia diferença. Ela era excessivamente pudica. À noite, antes de dormir, ela sempre se despia em outro quarto. Em sua presença, não era permitido mencionar que sua irmã tinha um filho, pois isso aludiria a algo indecente. "Afora isso, é um casamento muito feliz." A senhora também confirmou que o casamento deles era extremamente feliz. Também confirmou que era muito ciumenta sem motivo. Isso passaria. Mas essa situação já durava três anos! Ela estava absolutamente relutante em admitir que havia algo patológico nisso. Sugeri-lhe que passasse por um experimento de associação.

1. A primeira palavra que produziu uma perturbação foi "amarelo" – "inveja". Ela então disse: "amarelo de inveja"[114]. "Por que você está amarela de inveja?" "Inveja do marido que pode fazer o que eu não posso fazer por motivos morais."

2. "orar" – "religião". A diferença confessional tornou-se aparente.

3. "separar" – provocou a ideia de que o casamento poderia ser dissolvido.

4. "casamento" – ela achava que havia se casado com o homem errado.

5. "discutir" – com o marido, é claro.

6. "família" – sua família deveria ser dissolvida.

7. "felicidade" – nenhuma felicidade em seu casamento.

8. "errado" – fantasias de caráter erótico e de casos amorosos com outros homens. Como uma boa católica, não podia sequer admitir a possibilidade de seguir tal caminho ela mesma, por isso, ela o havia projetado em seu marido e sempre imaginava que ele estava realizando com outras mulheres as fantasias que ela tinha com outros homens, e então reagia com ciúme violento.

9. "beijar" – não o marido dela.

10. "escolher" – pode-se também escolher de forma diferente.

11. "contente" também produziu perturbação.

---

114. *gelb vor Neid* – a expressão inglesa seria "verde de inveja".

No fim do experimento, ela começou a chorar e todas as suas inibições foram rompidas. Fomos confrontados com uma verdade clara. Nesses casos, o experimento pode ser de grande utilidade.

O quinto exemplo diz respeito a um caso muito patológico, uma senhora de trinta e dois anos internada na clínica devido à depressão. Ela havia recebido um diagnóstico um tanto assustador, ou seja, a chamada depressão catatônica. Seu prognóstico era desagradável na medida em que tais pacientes, se forem curados, o que acontece de vez em quando, sofrem de uma certa sequela, a saber, uma atrofia do sentimento, de modo que os sentimentos mais sutis são de alguma forma amortecidos. Portanto, o prognóstico era bastante sombrio. Eu só pude confirmar o diagnóstico e, ainda assim, senti que havia mais do que aparentava[115]. Não consegui descobrir nada por meio de perguntas diretas e, portanto, sugeri o experimento a ela.

Ela era casada e mãe de dois filhos; a criança mais velha, entretanto, havia morrido aos quatro anos de idade, e após a morte dessa criança a condição atual se instalara. Poderíamos dizer que esse evento por si só seria motivo suficiente para uma psiconeurose. Não era um luto profundo, porém, mas uma condição patológica que não é induzida por um sofrimento normal, como o causado pela morte de um parente. Sabemos pela prática que tais condições ocorrem se a experiência tiver um "duplo chão", isto é, se outras experiências – inconscientes – entrarem na equação.

---

115. Há um relatório detalhado sobre essa senhora e o tratamento contínuo de Jung para com ela, em 1907, em sua carta a Freud de 10 de outubro de 1907 (Freud & Jung, 2023, pp. 176-177), com mais detalhes, por exemplo, sua "transferência para mim porque sou alto e tenho olhos castanhos" e uma "brusca explosão de feroz excitação sexual, acalmada depois de algumas horas" (p. 177), mas sem mencionar a cena do banho. Ele também descreveu esse caso mais detidamente em 1962, pp. 135-138.

1. No experimento de associação, a primeira palavra que causou perturbação foi "anjo". É claro que ela associou a isso sua filha falecida, que fora sua querida filha favorita.

2. A segunda palavra foi "desafiadora". Aqui, nenhuma resposta ocorreu. Com o tempo, ficou claro que ela relacionava essa palavra a si mesma, especificamente a uma postura incompreensível e desafiadora – tanto depois quanto já antes da morte de sua filha. Ela não podia explicar isso.

3. "mal"[116] – novamente uma forte perturbação, também relacionada a essa postura.

4. "azul" – aqui, ela se lembrou dos olhos azuis de sua filha. Curiosamente, o tempo de resposta a esta palavra foi muito curto, mas ela foi seguida pela palavra "vermelho", que provocou uma perturbação incrível. Então, chegamos à reação crítica:

5. "pão" – no experimento, esse era um termo indiferente, mas havia uma grande perturbação oculta por trás dele. Muitas vezes, acontece de a verdadeira "palavra-estímulo do complexo" passar suavemente, mas então a [reação à] próxima palavra é perturbada.

6. "rico" – esta mostrou muitas características de complexo e fortes repetições. Esta palavra se referia a um certo cavalheiro rico. Nesse momento, uma parte da história de vida da paciente começou a emergir. Antes de se casar com o marido, ela teve uma queda juvenil por um homem muito rico. Seus pais prósperos e de classe média riam dela sobre isso e diziam que ela estava se iludindo com a ideia de que poderia significar alguma coisa para um homem tão rico e importante. Ela assim o tirou de

---

116. *böse* – mau, mal.

sua mente. Mas não conseguia superá-lo, e irritava-a não ter conseguido ficar com ele.

7. "moral" – esta palavra também foi seguida por uma forte perturbação. Depois de uma longa pausa: "imoral". Isso se referia novamente ao seu temperamento rebelde, desagradável e imoral. Ela admitiu ter tido fantasias eróticas com aquele homem, mas por outro lado também tinha um complexo não erótico muito forte. Fiquei estupefato e não sabia a que isso se referia.

8. "dinheiro" – aqui, ela reagiu novamente com uma lembrança daquele homem rico.

9. "casamento" – agora, descobriu-se que, embora ela se desse muito bem com o marido, a princípio achou difícil esquecer o namorado da juventude.

Ela então teve uma filha e, quando olhou em seus olhos após o nascimento, reconheceu neles os olhos de seu antigo amado. Ela agora tinha a ideia de que os céus haviam lhe dado aquela criança como um substituto de seu amor perdido e, portanto, ela a adorava muito. Dois anos depois, ela deu à luz um menino e então aconteceu um desastre. Quando ela me contou sobre a criança, eu quis saber tudo. "Do que a criança morreu?" "Febre tifoide." Ela morava no exterior na época, em uma região onde a qualidade da água era duvidosa, de modo que os encanamentos de água potável e de não potável eram separados. Ela havia banhado sua filha com esta última, e evidentemente ela engolira um pouco dessa água e morreu.

Perguntei-lhe se ela havia visto esse outro homem novamente. "Não", ela respondeu, ela o tinha tirado completamente de sua mente. Então, de repente, algo lhe ocorreu, a saber, que um amigo desse homem a havia visitado antes da morte de sua filha. A princípio, seu marido estava presente, mas, quando ele saiu da sala, o visitante disse a ela: "Você também partiu o coração de alguém com seu casamento!" – referindo-se a seu ex-namorado. Ela disse que quase desmaiou. Então, quando estava banhando a criança, viu-a chupando a esponja. Ela viu isso acontecer, mas não a impediu e simplesmente a tirou da banheira. O menino então gritou que estava com sede, e ela deu ao menino essa água para beber. Mas foi a criança mais velha que morreu de febre tifoide. Obviamente, eu soube então por que ela tinha essa depressão patológica, embora ela própria não tivesse conhecimento da conexão causal.

Então pensei, bem, ela tem um prognóstico ruim de qualquer maneira. Se ela fosse deixada nesse estado, ela degeneraria, como tantas vezes acontece nesses casos. Por fim, tomei coragem e disse: "Você percebeu que queria matar essas crianças e pelo menos conseguiu matar sua criança favorita?". Ela então desmoronou, mas pelo menos de uma forma normal. Dentro de três semanas, ela pôde receber alta como "curada". Nunca houve uma recaída, embora isso tenha ocorrido há vinte e cinco anos[117]. Estou convencido de que, sem uma análise minuciosa, nunca teria descoberto.

O experimento de associação pode ser combinado com outros meios, que permitem detectar sentimentos; por exemplo, o experimento psicogalvânico[118].

---

117. Em *MSR*, Jung escreveu que isso aconteceu em seus primeiros anos no Burghölzli, quando ele "ainda era um jovem [...], um iniciante" (1962, p. 136), portanto, provavelmente cerca de trinta anos antes desta palestra.

118. As ilustrações e a explicação do funcionamento do galvanômetro foram tiradas de Hannah (pp. 120-121), que fornece a descrição mais clara e provavelmente também se beneficiou da contribuição de Jung. Para uma descrição mais detalhada do aparelho e do experimento, cf. OC 2: Jung, 1907a; Jung & Peterson, 1907; Jung & Ricksher, 1907/08.

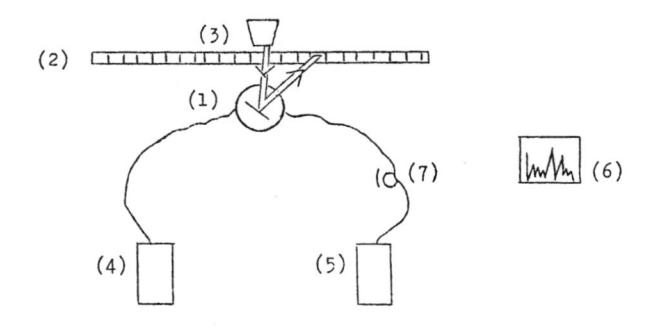

O diagrama é um desenho esquemático de um galvanômetro de espelho (1), acima do qual há uma escala translúcida de celuloide (2) com uma lâmpada (3) sobre ela. Os eletrodos são geralmente duas placas de latão (4 e 5)[119], ligeiramente côncavas, e sobre as quais as palmas das mãos do indivíduo testado são colocadas, com leves sacos de areia nas costas delas para pressioná-las. Essas placas são conectadas a uma célula de Bunsen (7), da qual o conduto segue para o galvanômetro. As contrações nervosas da pele sob a palavra-teste fazem o espelho oscilar e um raio de luz viaja ao longo da escala acima. O resultado é registrado em um tambor giratório (6), no qual a deflexão pode ser lida.

O entrevistador lê uma palavra-estímulo para a pessoa que está sendo testada e registra todas as reações emocionais, das quais a pessoa geralmente não tem conhecimento. Quando um complexo é tocado, a resistência elétrica da pele diminui e mais eletricidade passa através dela. Esses fenômenos coincidem com as características do complexo, por exemplo, um tempo de reação prolongado. A pessoa no gráfico a seguir tinha uma natureza altamente excitável e mostrava uma reação elétrica a quase cada palavra.

119. Aparece assim em Sidler, Schärf e Hannah. Em uma publicação original (OC 2 § 1045), Jung mencionou que usava "chapas de cobre".

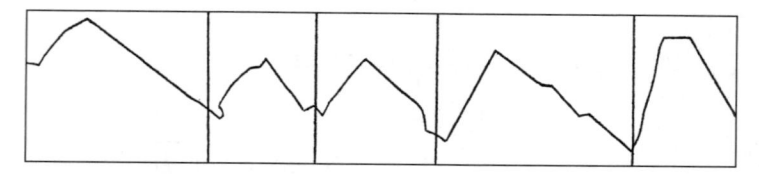

Em seguida, conduzi um segundo experimento para registrar a curva de respiração ao mesmo tempo. No caso de respostas emocionais fortes por causa de um complexo, ocorre uma contração do volume respiratório, uma certa sensação de tensão no tórax. Talvez vocês estejam familiarizados com isso, um sentimento tenso de expectativa. Se você estiver ansioso com alguma coisa, sentirá essa pressão específica. O desenho a seguir mostra a resistividade no caso de características sucessivas do complexo, com o volume respiratório mostrando uma forte contração em cada instância.

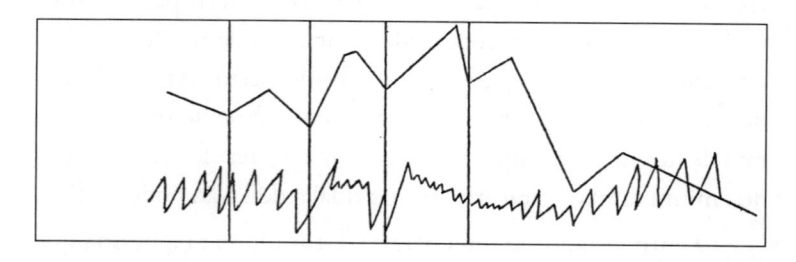

Observei casos em que a respiração se manteve contraída durante a maior parte do experimento. Os neuróticos frequentemente respiram mal – isto é, sua respiração é muito superficial. De tempos em tempos, eles precisam recuperar o fôlego e soltar um suspiro. Agora, essas coisas são frequentemente habituais em neuróticos, pois eles não conseguem respirar adequadamente. Alguém poderia pensar que as pessoas deveriam pelo menos ser capazes de respirar normalmente, mas até isso é um problema! Às vezes, os pulmões não recebem oxigênio suficiente, com consequências muito desagradáveis. O volume respiratório contraído devido a complexos crônicos pode levar a doenças do ápice pulmonar e tuberculose. É por isso que a tuberculose pulmonar é frequentemente associada a condições psicogênicas, a ponto de em muitos casos a tuberculose ser considerada uma doença psicogênica. Certos casos de tuberculose podem, portanto, ser curados com tratamento psíquico[120]. Assim, doenças físicas podem estar associadas a estados psíquicos de maneiras inesperadas.

---

120. Embora Jung certamente estivesse ciente do fato de que Robert Koch (1843-1910) havia descoberto o bacilo da tuberculose em 1882 (pelo qual recebeu o Prêmio Nobel em 1905), continuou a acreditar em um forte componente psíquico: "A tuberculose já me interessou antigamente, à época de meu experimento de associações, como doença possivelmente psíquica, pois havia observado que reações devidas a complexos causavam frequentemente uma diminuição mais longa do volume de respiração. Esta inibição causa uma ventilação deficiente das pontas dos pulmões e provoca eventualmente uma infecção. A respiração superficial devida a complexos se caracteriza por inspirações profundas (suspiros) que se repetem com frequência. Também observei que bom número de meus pacientes neuróticos, que eram ao mesmo tempo tuberculosos, uma vez 'libertos' de seus complexos pelo tratamento psicoterapêutico, aprenderam a respirar corretamente de novo e, com o tempo, ficaram curados. Chamei por isso jocosamente a tuberculose de 'doença pneumática', porque a libertação da psique significava uma mudança profunda na atitude mental. Sou, portanto, inteiramente favorável à sua opinião de que não apenas aos doentes de tuberculose, mas a muitos outros pacientes e, inclusive, aos normais, deveria ser administrada uma salutar dose de psicologia" (carta a J.A.F. Swoboda, 23 de janeiro de 1960; Jung, 2003, p. 240-241).

# Palestra 9

*22 de junho de 1934*

Uma senhora escreveu para saber sobre o caso de que falamos da última vez, da mulher que sofreu o infortúnio com a filha. A senhora deseja saber o que aconteceu depois que a mulher fez sua confissão mais ou menos voluntariamente, até sua alta da clínica. Naturalmente, todo tipo de coisa aconteceu, mas não tenho liberdade para falar sobre esses assuntos, tanto porque pertence ao sigilo profissional quanto porque é um campo muito especializado para o público em geral.

Um cavalheiro gostaria que eu explicasse mais sobre os termos "extrovertido" e "introvertido" e também sobre "anima" e "animus". É bem verdade que a questão da extroversão e introversão poderia ter sido tratada com as funções, mas estes são conceitos muito complicados, e só podemos discuti-los de forma proveitosa após termos falado sobre o conceito de "libido" e depois de obtermos uma visão um pouco mais profunda da vida do inconsciente. Esses tipos psicológicos não têm o objetivo de rotular os indivíduos, como "você agora pertence à tribo introvertida" etc., mas são um instrumento crucial para a descoberta de materiais psicológicos empíricos. Embora os tipos de Kretschmer[121], por exemplo, nos permitam classificar

---

121. Ernst Kretschmer (1888-1964), psiquiatra alemão. Ele havia sido o antecessor de Jung como presidente da Sociedade Médica Internacional Geral para a Psicoterapia, da qual renunciou em 6 de abril de 1933. Jung então aceitou a presidência interina e a redação do jornal da sociedade, o *Zentralblatt für Psychotherapie* (veja a "Cronologia" neste volume). O sistema de classificação de Kretschmer baseava-se em três tipos principais de corpo: astênico/leptossômico

os tipos, eles não se adequam a uma psicologia estritamente lógica. Por enquanto, tais questões ainda estão entre os assuntos mais avançados, e as discutiremos em um estágio posterior. O mesmo se aplica à segunda questão, relativa à *anima*. Eu não gostaria de oferecer a vocês simplesmente uma discussão de termos. Como vocês talvez saibam, a grande dificuldade da ciência psicológica contemporânea é que ela não sabe o que fazer com os termos psicológicos, simplesmente porque lhe falta o material empírico correspondente. Agora eu gostaria de mostrar como exatamente chegamos a esse material. Um método especial é necessário para isso, e não se pode fazer essas experiências sem aplicar esse método[122]. Fui acusado das coisas mais inacreditáveis, por exemplo, que pratico demonologia e assim por diante. Isso é tão estúpido que realmente enoja. Portanto, é principalmente por respeito ao meu público que sou tão cauteloso ao usar esses termos.

\* \* \*

Na última palestra, expliquei a vocês como alguém pode determinar estados emocionais com mais ou com menos precisão. Hoje, gostaria de falar sobre outra aplicação do experimento de associação. Se esse experimento realmente nos permite determinar os complexos existentes, deveria ser possível inverter as coisas e, por exemplo, usar o experimento para detectar artificialmente, por assim dizer, um complexo pres-

---

(magro, pequeno, fraco), atlético (musculoso, de ossos grandes) e pícnico (encorpado, gordo). Cada um desses tipos de corpo foi associado a certos traços de personalidade e, de forma mais extrema, a psicopatologias. Essa tipologia era popular na época, mas não é mais influente na teoria da personalidade.

122. Um argumento repetidamente usado por Jung antes, por exemplo, em relação aos críticos de Freud: "Freud só poderia ser refutado por alguém que fez uso repetido do método psicanalítico [...] Aquele que não faz ou não pode fazer isso não deve pronunciar julgamento sobre Freud; caso contrário, age como aqueles notórios homens da ciência que desdenharam olhar pelo telescópio de Galileu" (1907a, Prefácio).

suposto em uma pessoa, ou seja, revelar deliberadamente um certo complexo que uma determinada pessoa tem e sabe disso. Isso é chamado de diagnóstico [psicológico] de evidência [*Tatbestandsdiagnostik*][123]. Suponhamos que alguém cometeu um assassinato. Nesse caso, é claro, que ele deve ter um complexo correspondente e deve ser possível – se o assunto for válido – verificar esse complexo por meio do experimento.

Certa vez, fiz um experimento com o professor Zürcher[124]. Encenamos um crime fictício, por assim dizer, para ver se eu conseguiria descobrir o "culpado". Recortei uma fotografia do *Illustrirte* [*sic*] *Zeitung*[125], que mostrava um artista pintando um quadro com uma vaca e algumas pessoas olhando para ele. O professor Zürcher selecionou dois[126] alunos, dos quais um viu a imagem, enquanto o outro não. Ambos foram enviados a mim para que eu descobrisse o "culpado", ou seja, aquele que tinha visto a foto. O aluno sem conhecimento da imagem evidentemente recebeu instruções para agir de maneira um tanto estranha, a fim de me fazer suspeitar que ele era o "culpado", mas todas as palavras de estímulo crítico passaram por ele despercebidas. O professor havia escolhido o melhor ator entre os alunos para ver a foto na esperança de que ele pudesse me enganar, mas mesmo assim ele não notou as palavras-estímulo críticas, como vaca, pintor, foto etc., que eu tinha misturado com várias palavras irrelevantes.

---

123. Cf. OC 1, § 478ss.; OC 2, § 728ss.

124. Emil Zürcher (1850-1926), depois de 1890, professor titular de direito penal (*Strafrecht*) e direito processual penal (*Strafprozessrecht*) na Universidade de Zurique. Desempenhou um papel importante na preparação do código penal suíço (Gagliardi, 1938, pp. 838-839). Este exemplo é principalmente tirado de Hannah (p. 122), que tem o relato mais detalhado.

125. Inspirada no *Illustrated London News* e no parisiense *L'Illustration*, o *Illustrirte Zeitung* foi a primeira revista alemã ilustrada e teve grande sucesso, sendo publicada por mais de um século (1843-1944).

126. Em Sidler: quatro.

Se o assunto é um roubo real e indiciável, as coisas são mais críticas. Consegui resolver roubos dessa maneira, e alunos meus fizeram o mesmo na Europa e na América. Gostaria de apresentar tal caso em detalhes práticos, ou seja, um roubo ocorrido no hospital Burghölzli[127]. Em um quarto em que dormiam três guardas, vários itens foram roubados do guarda-roupa, incluindo dinheiro, uma bolsa e uma corrente de relógio de prata. O guarda-roupa continha o seguinte: roupa suja, uma estola de pele, uma bolsa de couro vermelho contendo uma nota de cinquenta francos e uma moeda de ouro de vinte francos, além de um recibo da sapataria Dosenbach[128]. O furto foi descoberto à noite e relatado a mim pela manhã pela guarda-chefe. Descobriu-se que ela sabia sobre a quantia de dinheiro roubada e, portanto, talvez ela mesma tivesse cometido o roubo, embora ela o denunciasse. Isso teria sido uma excelente piada! A sala também estava ocupada pela vítima do roubo e uma amiga da guarda-chefe. Indiquei a amiga da guarda-chefe pela letra A, a própria guarda-chefe pela letra B, e a terceira enfermeira, a vítima, pela letra C. Havia ainda outra guarda, D, que não dormia no quarto, mas era encarregada de limpá-lo. Além disso, cerca de cinco outras guardas haviam tido acesso ao quarto e também poderiam ter sido as culpadas. Na manhã do dia crítico, A ainda estava deitada na cama no quarto. Ela não estava se sentindo bem e recebeu permissão para ficar na cama até a hora do almoço. O roubo foi descoberto na hora do jantar. A chave do guarda-roupa estava pendurada à vista e o quarto era geralmente acessível.

Pedi a A, B e C que viessem até mim e fizessem o experimento. B sabia por que eu o estava conduzindo, mas as outras não. Incluí várias palavras típicas entre as palavras-estímulo:

---

127. Jung descreveu este caso detalhadamente em OC 2, §§ 957-981.
128. A sapataria Dosenbach foi fundada em 1865 e está em atividade até hoje.

guarda-roupa, porta, chave, bolsa, notas de banco, dinheiro, 70, 50, 20, sacola de dinheiro, corrente, prata, esconder, carimbo, recibo, Dosenbach e assim por diante. Nesses casos, costumo também misturar algumas palavras assustadoras, como roubo, desgraça, seringa, polícia, prender, inocente etc., que são alusões bastante sugestivas.

Durante o experimento, B ficou muito agitada, mas A e C permaneceram quietas. Depois, B teve um pulso de 125[129], então pensei: "Bem, talvez *ela* fosse a ladra afinal?". Suspendi o julgamento, entretanto, até que tivesse calculado os resultados, porque pessoas inocentes também podem ficar agitadas.

Em todos esses cálculos de complexos, calcula-se primeiro o tempo de reação médio provável para cada pessoa testada[130]. Pessoas diferentes têm tempos de reação diferentes; por exemplo, pessoas instruídas geralmente têm um tempo de reação mais curto do que as não instruídas, não porque pessoas sem instrução pensem mais devagar, mas porque ficam mais agitadas e, portanto, inibidas durante esse experimento.

No nosso caso, os tempos médios de reação foram os seguintes:

A: 10/5 segundos,

B: 12/5 segundos,

C: 13/5 segundos.

---

129. Aparece assim em Sidler; Hannah traz "120".

130. Jung especificou que não aplicou a média aritmética, mas a mediana (ou "média provável", conforme termo de Kraepelin), "pois neste método os altos valores influenciam de maneira assaz perturbadora e até equívoca o valor médio em geral bastante baixo. Este inconveniente pode ser evitado pelo emprego do método da média provável, que consiste em ordenar em série os números de acordo com o seu valor e tomar o número mais próximo do meio. Assim fica eliminada a influência de valores excessivamente altos" (OC 2, § 571).

Agora, não há nada que possamos dizer sobre isso a princípio. Devemos atentar para a relação entre essa média provável e os tempos de reação às palavras-estímulo críticas, pós-críticas e indiferentes.

| | A | B | C |
|---|---|---|---|
| Indiferente | 10 | 11 | 12 |
| Crítica | *16* | 13 | 15 |
| Pós-crítica | 10 | 11 | 13 |
| Crítica menos indiferente | 6 | 2 | 3 |

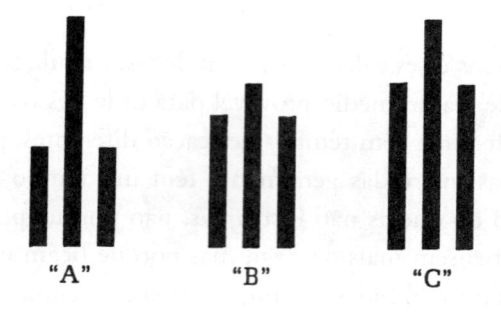

"A" "B" "C"

É notável que todas as três pessoas tenham mostrado tempos de reação prolongados com as palavras-estímulo críticas. Isso ocorre principalmente porque todas elas tinham uma ideia do que se tratava. Nota-se, entretanto, que A apresentou o maior tempo de reação em suas respostas às palavras críticas (16), mas por outro lado apresentou o menor valor para a média provável (10). Se pegarmos as diferenças entre esses dois valores, teremos uma diferença de 6 com A, 2 com B e 3 com C.

Agora, um tempo de reação prolongado é obviamente apenas um dos indicadores. Existem outros, como várias demonstrações de incerteza, expressões faciais etc., todos os quais também devem ser anotados e contados. Além disso, encontramos as chamadas perturbações na reprodução, quando perguntamos às pessoas após o experimento inicial: "Como você originalmente respondeu a esta palavra-estímulo?", identificando a pessoa com o maior número de lapsos de memória. Existe ainda outra forma de determinar os complexos, baseada no fato de que as perturbações na reprodução ocorrem não apenas em relação às reações críticas, mas muitas vezes também em relação às reações seguintes, portanto perseverando, ou mesmo às anteriores. Se você tiver um ferimento na cabeça e desmaiar, terá amnésia retrógrada por meia hora ou uma hora inteira antes do acidente, e também amnésia anterógrada que se estende por algum tempo desde o acidente até o presente. Você fala e age normalmente, mas acontece que esqueceu tudo sobre as dez, vinte ou trinta horas após o choque. Só então sua memória volta a funcionar.

Quando um complexo se manifesta de forma aguda, haverá também uma pequena perturbação amnésica – um ofuscamento temporário da memória – de modo que você não se lembra mais do que pensou depois do choque do complexo. Você pode estar inconsciente desse choque, mas ainda tem um efeito amnésico. Cada agitação de um complexo é simplesmente um choque que sempre produz tal perturbação da memória. Esta perturbação pode afetar até quatro ou mais reproduções. Portanto, computar tais séries de perturbações na reprodução nos fornece outro indicador da intensidade dos complexos. Os resultados em nosso caso são 64,7% para A, 55,5% para B e 30% para C, o que ainda é um pouco alto, mas se aproxima do nível normal. Isso forneceu evidências suficientes para dizer à enfermeira, A, diretamente: "Você roubou esses itens, então não tenha nenhuma ideia fantasiosa e fale a verdade!" E, com isso, ela confessou sem mais delongas.

Certa vez, fui consultado por um tutor perturbado que suspeitava que seu pupilo adolescente havia roubado um "táler de tiro"[131]. O tutor tinha ouvido falar que eu seria capaz de obter confissão em hipnose. "Não funciona bem assim", disse ao homem, "mas vou fazer uma experiência com ele". E, de fato, tudo foi então revelado[132].

Assim, possuímos um experimento importante para fornecer evidências circunstanciais. O assunto é muito delicado, no entanto, e é muito fácil fazer isso de uma forma absolutamente estúpida. Claro que nada dará certo se for feito de maneira tola. Nem mesmo tirar uma foto! A dificuldade é que não apenas o culpado, mas também todos os outros estão familiarizados com os fatos da investigação preliminar. Seria preciso conduzir o experimento logo no início, ou seja, quando a maioria das pessoas não tem conhecimento dos fatos do caso. Certa vez, tivemos um caso assim na Administração Florestal Federal [*Eidgenössische Forstverwaltung*]. A pessoa em questão se comportou de forma tão estúpida que ficou imediatamente claro que só ele poderia ser o culpado.

Até agora, discutimos apenas o uso do experimento de associação para a descoberta de complexos. Há, entretanto, outro uso bem diferente do experimento de associação. Se alguém determinar *como* as pessoas reagem de maneira puramente formal, torna-se evidente que existem tipos muito diferentes de seres humanos. Por exemplo, há pessoas que têm uma estranha preferência por adjetivos, ou por julgamentos, ou outras que têm reações puramente linguísticas e motoras. Portanto, desenvolvi um esquema para categorizar as respostas em termos lógicos e linguísticos. A aplicação desse esquema nos dá

---

131. Um *Schützentaler* ("táler de tiro") é uma moeda, muitas vezes de valor considerável, cunhada para comemorar um dos tradicionais *Schützenfeste* (festivais de tiro) anuais realizados em vários cantões da Suíça e concedido como prêmio de tiro.

132. Jung citou este como o caso em que ele teve "sucesso pela primeira vez em testar, em um delinquente, nosso método de descoberta de complexos" (OC 1, § 481) e o descreveu mais detalhadamente em OC 2, §§ 769-775.

porcentagens específicas para as qualidades de associação. A comparação com outros tipos nos permite determinar certas formas de reação[133].

Este procedimento é usado principalmente para estudar psicologia familiar. Esta última é extraordinariamente importante, porque todos viemos de uma família e todos um dia, inconscientemente, repousamos em seu seio. A família é como uma atmosfera, como o seio da mãe, no qual todos nós já estivemos seguros quando crianças e estávamos, consequentemente, em um estado inconsciente. Quando ainda estamos em um estado relativamente inconsciente, também estamos em um estado mental primitivo. Nos primitivos, essa condição dura a vida toda. Eles não apenas são semiconscientes ou conscientes apenas em um grau muito limitado, mas também decorre disso que essa falta de consciência resulta em discriminação insuficiente. Só quando percebo que sou diferente dos outros é que tenho consciência de mim mesmo. Quando eu não estiver suficientemente consciente de mim mesmo, não serei nem capaz de dizer a diferença entre mim e esta mesa! Distinguir diferenças é a natureza da consciência. Portanto, diz-se que a discriminação é a qualidade essencial da consciência.

Quando os seres humanos vivem inconscientemente, vivem em uma condição de não diferenciação. Vivem nesse estranho estado que Lévy-Bruhl chamou de *participation*

---

133. Essas pesquisas levaram ao primeiro núcleo da tipologia de Jung. Ele e Franz Riklin (1904/1905) descobriram que "alguns indivíduos tendem a reagir com associações internas e outros, com externas". Em outras palavras, "dois tipos facilmente reconhecíveis emergem: (1) Um tipo em cujas reações são usadas experiências subjetivas, muitas vezes em tom de sentimento. (2) Um tipo cujas reações mostram um tom objetivo e impessoal [...] Este tipo pode ser chamado de objetivo" (Jung, & Riklin, 1904/1905, § 382, 412). Assim, sua primeira classificação distinguia entre tipos "subjetivos" e "objetivos". Cf. Falzeder (2016).

*mystique*[134], isto é, em uma participação na vida dos outros e, na verdade, em uma não diferenciação da vida dos outros. Nós a chamamos de "mystique", mística, porque não conseguimos entendê-la; afinal, chamamos de místico tudo o que não entendemos. E a razão pela qual não entendemos isso é porque ainda estamos presos a ele. Na medida em que ainda estamos inconscientes, estamos envolvidos na *participation mystique*. Em todas as questões em que compartilhamos a inconsciência, ainda não somos distintos uns dos outros. O exemplo mais notável é que sempre presumimos que os outros devem pensar e sentir da mesma forma que nós. "O que eu gosto, os outros também gostam." Na verdade, sempre tendemos a pressupor um estado de coisas semelhante nos outros. As pessoas tagarelam, lançando explicações sobre os outros, e acham que se entendem. Tal pensamento é realmente patético. Seria muito mais sincero pensar: ninguém entende ninguém! A afirmação de que "somos todos iguais" leva aos mais incríveis atos de violência contra os outros. Não é mérito de uma cultura, por exemplo, se ela não faz distinções entre as pessoas; pelo contrário, isso é um sinal de não cultura. Não é mesquinho para com os outros descobrir que eles são diferentes. Só podemos ser justos fazendo distinções. O que é bom para mim é ruim para o outro. Só podemos fazer justiça aos outros percebendo que somos diferentes uns dos outros. Por meio dessa não diferenciação inconsciente de nossos pais e avós, de nossos irmãos e até de

---

134. Jung referiu-se repetidamente à noção de Lévy-Bruhl de *participation mystique*, ou participação mística, por exemplo: "[S]ignifica uma espécie singular de vinculação psicológica com o objeto. Consiste em que o sujeito não consegue distinguir-se claramente do objeto, mas com ele está ligado por relação direta que poderíamos chamar identidade parcial" (OC 6 § 871; cf. 2020, p. 224). Em 9 de fevereiro de 1935, Lévy-Bruhl deu uma palestra, intitulada "L'expérience mystique chez les primitives", no Clube de Psicologia em Zurique, e novamente, em 13 de fevereiro de 1935, na Universidade de Zurique.

cães e gatos, participamos de toda a família a tal ponto que somos profundamente afetados por ela por muito tempo. Se permanecermos inconscientes disso, esse estado continuará, pois o que é inconsciente não está sujeito a correção. Só a consciência corrige. Só se pode mudar algo tornando-o consciente. Na consciência, há luta e atrito; é o lugar onde as regras podem ser suavizadas e os erros, corrigidos.

Consequentemente, é muito importante estabelecer o *"spiritus familiaris"*. Pode-se fazer isso determinando a reação habitual de uma família. Isso é feito categorizando as reações de acordo com suas qualidades, usando um esquema que apresentarei a seguir. Existem quinze qualidades diferentes. Para descobrir o tipo de família, pegamos todos os resultados – dependendo do número de membros da família – e determinamos sua média aritmética, que por sua vez nos dá o tipo médio de família. A partir desse tipo médio, podemos estabelecer o desvio de indivíduos únicos. Muitas vezes, descobrimos que precisamente os membros da família mais nervosos e perturbados são os que mais se aproximam do tipo de família e são os mais afetados por ele. Aqui está um exemplo dessa *participation mystique* entre marido e mulher:

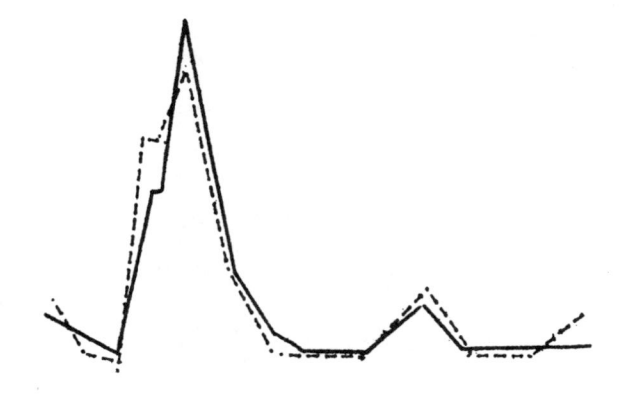

Este diagrama é o gráfico de tal teste aplicado a marido e mulher[135]. (A linha preta é o marido, e a linha pontilhada, a esposa.) Pode-se observar quão próximas as linhas seguem uma à outra; isso ocorre porque os dois estão em *participation mystique* um com o outro. Ambos estão muito ligados às suas famílias e carregam essa atitude, chamando um ao outro de "papai" e "mamãe". Provavelmente, ambas as famílias tiveram essa atitude em uma linha ininterrupta desde o século XIV.

---

135. Este parágrafo aparece apenas em Hannah (p. 125).

# Palestra 10

*29 de junho de 1934*[136]

Prossigamos com nossa investigação da psicologia familiar. Aqui está uma lista de 15 qualidades de reação, que nos ajudarão a agrupá-las:

1. Coordenação; uma atribuição lógica.
2. Subordenação e supraordenação: casa–aldeia; cidade–casas; azul–cores.
3. Contraste.
4. Predicados que expressam um julgamento pessoal. Estes são frequentemente preferidos por mulheres idosas; por exemplo: inverno–maravilhoso; sair para passear–maçante.
5. Predicados simples, isto é, predicados de fato análogos: água–verde.

---

136. Não há notas de Sidler para esta palestra. Ele observou uma semana depois: "Eu pulei a palestra da semana passada. (Caminhada na montanha [...] com Ernst Wildhaber)". A palestra recapitula principalmente a segunda palestra de Jung na Clark University em 1909 (Jung, 1909), que em si é quase idêntica a um artigo anterior (Jung, 1907b). O material é baseado em investigações realizadas por Emma Fürst (1875-1939), colaboradora de Jung na época, no Burghölzli. Ela "aplicou [o experimento de associações] em membros de 24 famílias, isto é, 100 pessoas experimentais, experimentos de associações, o que resultou num material de 22.000 associações [...] Foram formados 15 grupos de acordo com critérios lógico-linguísticos e as associações foram assim classificadas" (OC 2, §§ 999-1000).

6. Relações do verbo com o sujeito ou complemento: rosas–florescer.

7. Designações de tempo, lugar etc.: quente–verão; dormir–à noite; escuro–no porão.

8. Definições: cadeira–mobiliário; vaca–mamífero. Essas associações são especialmente prevalentes em pessoas com complexo de inteligência e que não estão totalmente certas se os outros as consideram estúpidas ou não. Há casos em que as definições respondem por 90 a 100 por cento das associações. Estes são verdadeiramente imbecis; não há dúvida de que tais pessoas são realmente burras.

9. Coexistência: mesa–cadeira; flor–janela; mão–pé.

10. Identidade: caminhar–ir a pé; quarto–aposento.

11. Associações linguísticas: pedra–pedrada; livro–livraria.

12. Palavras compostas[137]: baixo–cabisbaixo.

13. Complementação de palavras: passa–tempo; beija–flor.

14. Som[138]: fosco-tosco; guiar–planar; isto é, rimas simples.

15. Reações defeituosas[139].

Se agruparmos um experimento de associação adequadamente, podemos inserir esses grupos em um sistema de coordenadas. Em seguida, obtemos as porcentagens dentro desses quinze grupos.

---

137. No alemão, com suas inúmeras palavras compostas, essas associações seriam mais frequentes do que no inglês, que costuma usar duas ou mais palavras para uma palavra composta alemã.

138. Por razões óbvias, substituí os exemplos de Jung por outros que rimam em inglês (E. F.).

139. Kluger-Schärf: "Todas aquelas associações que não foram nenhuma, isto é, que nunca se materializaram".

O gráfico a seguir é o de uma família. A mãe tem cerca de quarenta anos (linha tracejada), e a menina nove anos (linha preta)[140]; o pai (linha pontilhada) é um bêbado. A filha produz tantos predicados de palavras quanto sua mãe. Isso ocorre porque mãe e filha têm mais de 30% das associações em comum; em outras palavras, elas falam uma língua absolutamente idêntica em 30% dos casos.

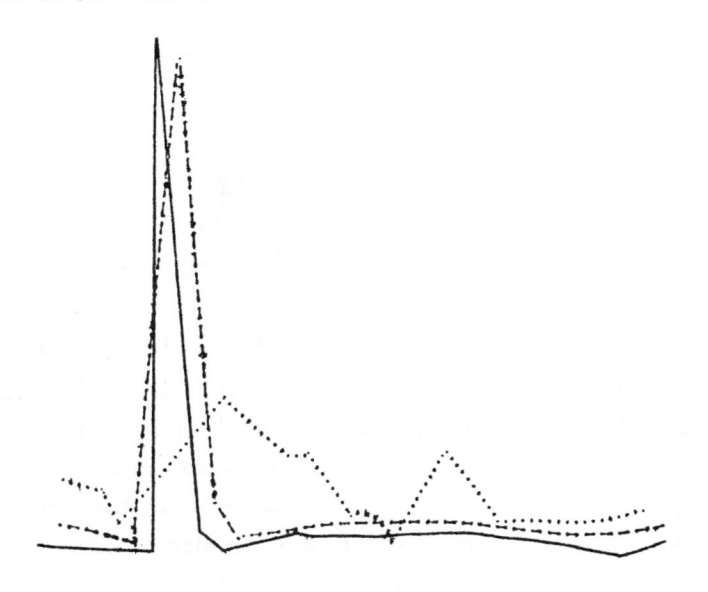

Isso significa que a criança se tornou unilateralmente idêntica à mãe. Isso geralmente ocorre com mulheres com certos problemas conjugais. A criança se identifica com eles e desenvolve a atitude de uma mulher profundamente desiludida com a vida, quando na verdade ela ainda é uma criança de nove anos! Quando esta menina crescer, ela será enredada neste peculiar hábito de reação. Ai do homem que se aproximar dela! Ficará preso na rede. Muitas vezes, ela transforma

---

140. Aparece assim em Kluger-Schärf e Hannah (p. 126). Em Jung, OC 2, ele afirma, porém, que a mãe tinha quarenta e cinco anos e a menina, dezesseis.

um homem imediatamente em um alcoólatra. Conscientemente, ela escolhe um abstêmio, mas por um certo destino
diabólico o homem começa a beber do mesmo jeito. Na verdade, é o contrário, ela o leva à mesma infelicidade. Examinada dessa maneira, no entanto, essa situação já não é mais
enigmática e obscura. Pois há apenas uma resposta para a atitude de tal mulher: deve-se beber como um gambá ou então
ser um patife.

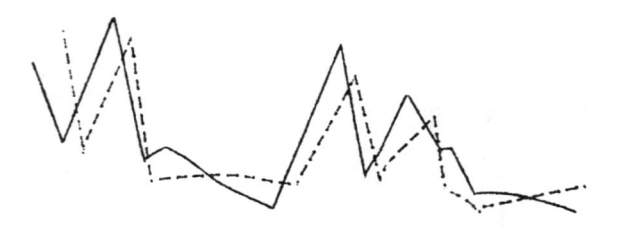

Este é um exemplo em que marido e mulher correm em
trilhos paralelos. A mulher vem de um tipo de família totalmente diferente, mas se ajustou ao marido quase a ponto de
se tornar idêntica a ele. O oposto também costuma acontecer.
Alguém se torna abstêmio, por exemplo, porque se encaixa no
hábito da mulher. Em aproximadamente metade de todos os
casamentos, o homem é a parte contida e a mulher usa as
calças – seja aberta ou secretamente.

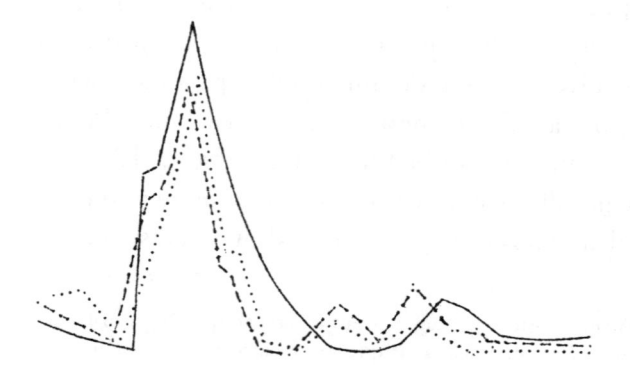

Este é outro caso, de um homem (linha tracejada) com duas filhas. Ele é viúvo e suas filhas se ajustaram inteiramente a ele. Isso é naturalmente algo que também acontece; ou seja, não é a esposa que se ajusta ao marido, mas a filha que preenche essa vaga, resultando no chamado complexo paterno.

Um cálculo de médias resulta na seguinte figura:

| Diferença média entre: | |
| --- | --- |
| Pessoas não aparentadas | 6 |
| Homens aparentados | 4,1 |
| Mulheres aparentadas | 3,8 |
| Pais e filhos | 4,2 |
| Mães e filhos | 3,5 |
| Pais e filhos meninos | 3,1 |
| Pais e filhas | 4,9 |
| Mães e filhos meninos | 4,7 |
| Mães e filhas | 3 |
| Irmãos e irmãos | 4,7 |
| Irmãs e irmãs (incluindo irmãs casadas) | 5,1 |
| Irmãs e irmãs (não casadas) | 3,8 |
| Esposos e esposas | 4,7 |

A diferença média entre sujeitos do teste masculinos e femininos não aparentados é 6. Parentes do sexo masculino mostram uma diferença média de 4,1; parentes do sexo feminino, 3,8. Vemos que há menos diferença entre os sujeitos do sexo feminino do que entre os do sexo masculino. Isso provavelmente se deve ao fato de que as mulheres estão muito mais confinadas à família; os homens já se socializam muito cedo e adotam uma linguagem um pouco diferente. Na verdade, é bastante surpreendente que se possam estabelecer tais diferenças, visto que pensamos falar uma língua comum.

A diferença entre pais e filhos é de 4,2 e entre mães e filhos de 3,5. Vemos que, em geral, os filhos se ajustam mais às mães do que aos pais, o que é compreensível porque o ventre da família é substancialmente mais moldado pela mãe do que pelo pai, que se senta mais à beira do ninho – isto é, "fora" – e voa para longe com mais frequência.

Agora, isso obviamente levanta a questão de como estão as coisas entre pais e filhos meninos, pais e filhas, mães e filhos meninos e mães e filhas. A diferença entre pais e filhos meninos é de 3,1 e entre pais e filhas, de 4,9. Ou seja, existe maior afinidade entre pais e filhos meninos do que entre pais e filhas. O gênero parece desempenhar um papel, porque os filhos meninos geralmente tendem a se ajustar aos pais. Segundo a superstição primitiva, o filho é o pai renascido. O filho primogênito recebe[141] a alma do pai. Na Índia, o filho deve inalar o último suspiro do pai moribundo, porque a alma deixa o corpo com este último suspiro. Isso é ainda mais evidente com os primitivos. Um velho negro tinha um filho que não lhe obedecia. "Este sujeito está parado ali com meu corpo e nem mesmo me obedece!" Também ainda existem pais em nossa parte do mundo que presumem que o filho necessariamente se torna como seu pai. Nem lhes ocorreria que seu filho é alguém diferente deles. Todos esses fatos estão por trás do relacionamento relativamente próximo entre pais e filhos meninos.

A diferença entre mães e filhos meninos é de 4,7, e entre mães e filhas é de 3,0, ou seja, menor ainda do que entre pai e filhos. Em outras palavras, o ajustamento mais próximo e mais forte ao tipo parental ocorre no caso das filhas em relação às mães. Mais uma vez, isto tem a ver com o fato de as filhas estarem mais fortemente integradas na família; elas se socializam

---

141. *Rivkah Schärf: enthält* = contém; provavelmente um erro de digitação para *erhält* = recebe.

muito menos e têm menos oportunidade de deixar seu meio. Isso também é perceptível em suas falas, pois as mulheres aderem por muito mais tempo ao dialeto local do que os homens. Elas são as verdadeiras transmissoras da tradição na medida em que esta encontra expressão na linguagem.

Existe uma diferença bastante grande entre irmãos e irmãs, ou seja, 4,7 entre irmãos e 5,1 entre irmãs. Essa grande diferença é explicada pelo fato de que irmãs casadas também estão incluídas. Se eliminarmos as mulheres casadas, a diferença é de apenas 3,8. A diferença média entre homens e mulheres também é relativamente alta, ou seja, 4,7, aproximadamente semelhante à média entre parentes distantes, devido ao fato de que em muitos casamentos esse ajuste não ocorre. Se alguém tem um certo "jeito", isso geralmente induzirá seu parceiro a fazer o oposto. Uma esposa, por exemplo, pode adorar estar ao ar livre, e o marido pode gostar de ficar sentado perto do fogo durante todo o verão. Em tais casos, há uma diferença muito marcante nas reações das palavras, o que eleva a média.

Como o experimento de associação é um experimento de linguagem, certos fenômenos linguísticos são levados em consideração. Eu orientei uma tese de doutorado que examinou os componentes da associação[142]. Uma descoberta foi que em uma série de repetições ocorre o fenômeno de uma repetição fonética, por exemplo, uma sequência de vocalizações:

13 farto

14 garfo

15 parto

16 barco[143]

etc.

142. Fürst, 1907.

143. As alterações nos exemplos de Jung em alemão (*scharf; Acker; schade; alt*) não são diretamente traduzíveis.

Tornou-se evidente que as sequências de vogais sempre ocorrem quando um complexo persevera. Em outras palavras, sempre que um complexo aparece, ele tende a evocar uma série fonética. Isso quase parece uma espécie de *chinoiserie*[144], mas é muito interessante, porque há sempre uma certa emoção que vem à tona junto com o complexo, e essa emoção então lança um feitiço sobre a linguagem. Por exemplo, alguém involuntariamente começa a rimar e a usar aliterações; aglutinações[145] ocorrem. O turco e o húngaro, por exemplo, são línguas aglutinantes, assim como as primitivas que não possuem vogais fixas, apenas consoantes.

Quando falo do rei – e a palavra para rei é "melek" –, então devo pronunciar a frase inteira com um "e" porque a palavra principal tônica contém um "e" como sua vogal principal. Todas as palavras subsequentes mudam de acordo. A palavra principal determina o caráter vocálico de toda a frase. Isso ocorre principalmente no caso dos primitivos, pois todo processo mental é marcado por uma determinada emoção. Se algo não é enfatizado emocionalmente, não entra na consciência e, portanto, acontece no escuro. Isso acontece quando os primitivos ficam sentados em silêncio e aparentemente não estão pensando em nada. O que então ocorre é o que se chama de reflexão ou contemplação no caso das pessoas comuns. Este processo é completamente inconsciente nos primitivos, porque o não emocional é completamente inconsciente. Assim acontece que quando fazem uma afirmação, esta tem as características de um complexo. Portanto, quando surge a emoção, também pode surgir uma compulsão fatal para rimar. A linguagem dos poetas também é distintamente emocional e tende para a forma métrica.

---

144. Um estilo decorativo ou ornamental na arte ocidental, especialmente popular no século XVIII, caracterizado pelo uso de motivos e técnicas chinesas.
145. Em linguística, a fusão ou mistura de palavras ou partes de palavras.

Mais um pequeno detalhe: no experimento de associação, os complexos podem ser inconscientes, mas também podem ser conscientes. Se a palavra-estímulo toca um complexo consciente, a respiração torna-se mais profunda, como se a pessoa estivesse inalando mais profundamente. Uma imagem diferente surge se o estímulo atingiu um complexo inconsciente. Então, a respiração é inibida, como se os músculos do tórax estivessem contraídos ou tolhidos, de modo que a inspiração é um pouco inibida até que retome seu caráter normal.

No exemplo da esquerda, um complexo consciente foi tocado, a respiração diminui um pouco, como um suspiro, e então é aprofundada novamente. No exemplo à direita, um complexo inconsciente foi tocado, resultando em uma perturbação real e respiração inibida.

À esquerda, vemos a respiração após uma palavra indiferente e à direita após uma palavra-estímulo que tocou um complexo.

A principal constatação é, portanto, a percepção da existência de complexos, isto é, de conteúdos cujo comportamento é diferente dos conteúdos psíquicos ordinários, que chamamos de factuais ou indiferentes. Complexos são conteúdos carregados de emoção. A emoção não precisa ser consciente; pode-se até dizer que, via de regra, é inconsciente. Esses conteúdos também apresentam as características de um conflito, na medida em que não são tecidos suavemente na teia da consciência humana; eles realmente não pertencem a ela, mas em vez disso a perturbam e perfuram e se tornam autônomos[146]. São corpos estranhos, por assim dizer, que não podem ser regidos pela vontade. Têm seu próprio caráter espontâneo. Eles nos atormentam e nos perturbam. Quando um complexo é tocado, a memória é quase invariavelmente afetada e uma palavra desaparece, ou nos lembramos dela muito bem e ela se repete. Um complexo sempre induz à inconsciência.

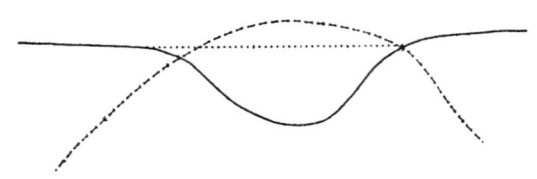

Se pensarmos no inconsciente (linha preta) como uma linha reta, este diagrama mostra o efeito de um complexo (linha tracejada) surgindo. O complexo surge e assume o comando, e a consciência afunda ao fazê-lo. Há um *abaissement du niveau mental*[147]. Quando o nível de consciência baixa, não resta energia na vontade. O complexo nos governa; somos possuídos por ele. Caímos de um estado ativo para um estado de sofredor passivo. Ideias de espíritos surgem desse processo. Nossa própria linguagem revela isso, em expressões como "Ele está fora de si" ou "Com o diabo no corpo".

Os primitivos compreendem muito bem esse estado, embora não tenham analistas e nem consciência de seus complexos. Frequentemente, eles se sentem alienados de si mesmos e então sabem que perderam uma de suas cinco ou seis almas.

---

146. Aqui as notas de Rivkah Schärf se interrompem. Uma vez que Sidler não fez anotações neste dia (ver nota 136), o texto para o restante desta palestra foi retirado de Hannah (pp. 130-131).

147. Termo cunhado pelo antigo professor de Jung, Pierre Janet (1859-1947). A obra de Jung está repleta de referências às noções de Janet, como *abaissement du niveau mental, fonction du réel, dissociation, sentiment d'incomplétude, formes inférieures et supérieures* (da vida mental) ou *idées fixes subconscientes*, e Jung repetidamente reconheceu sua dívida para com ele.

Essas almas não estão sob seu controle; desse modo, é muito fácil alguém se perder, e o primitivo então realiza cerimônias para recuperá-la. Os curandeiros são muito úteis a esse respeito. Talvez o primitivo vá até o feiticeiro e diga: "Você viu uma alma voando?". O feiticeiro vai até uma árvore coberta de gaiolas de pássaros, algumas vazias com portas abertas e outras com pássaros dentro. Ele examina as gaiolas e pode dizer: "Sim, eu tenho sua alma pássaro aqui". Então, o primitivo se deita, e o feiticeiro deixa uma trilha de grãos de arroz da gaiola até a cabeça do abandonado. Quando a porta é aberta, o pássaro, comendo grão por grão, chega à cabeça a que pertence e se integra outra vez. O assunto agora está em ordem. Em nossa linguagem, trata-se da integração de um conteúdo inconsciente. Se fôssemos simples e objetivos, veríamos essas coisas da mesma forma que os primitivos. Esses conteúdos autônomos geralmente possuem a energia mais viva; um homem bate em sua esposa ou maltrata seus filhos; outra pessoa fica histérica ou neurótica – os primitivos chamam tudo isso de estar possuído por um demônio. Hoje em dia, chamamos os demônios de complexos, mas é indiferente ao diabo o nome pelo qual o chamamos. Seu efeito é praticamente o mesmo em qualquer caso. Algumas pessoas modernas, no entanto, entendem muito melhor se você usar uma linguagem primitiva e pedir que descubram o que as está possuindo. Quando estamos com raiva, devemos ser objetivos e nos perguntar o que está nos deixando com tanta raiva. Um complexo é a coisa mais objetiva, e a única coisa que podemos fazer é sermos objetivos a respeito dele. A inteligência mais inteligente não pode dominar um complexo. Um erudito com mania de ansiedade pode classificá-lo e talvez bani-lo durante o dia, mas logo que vai para a cama vem o complexo, e ele não consegue dormir de terror. Dizer "É apenas uma neurose" não tem nenhum efeito sobre isso, pois é como se um fantasma mau o seguisse. Se presumirmos que somos apenas egos e podemos, por assim dizer, contar com os ovos dentro da galinha, é provável que descubramos que calculamos mal. Os complexos devem ser levados a sério, eles têm energia dinâmica, vivem em nossa psique e parecem ser coisas ruins; no entanto, são esses mesmos complexos que nos levam ao nosso destino.

Cada complexo tem sua quantidade dada de energia, mas, quando cruza a fronteira da consciência e assume o comando sobre nós, ele se apodera de nossa energia para aumentar a sua própria, e nossa consciência afunda, impotente e desamparada. Esse processo persistirá em uma família geração após geração. A energia que cada complexo possui significa uma redução da energia que está à nossa disposição. Podemos dizer que são unidades independentes e que pagamos os custos de sua manutenção; eles roubam nossa vida de sua continuidade.

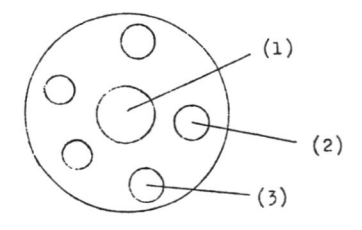

O eu também é um complexo. O diagrama a seguir o mostra no centro (1) com outras peças autônomas (2, 3 etc.) movendo-se em nossa psique.

A questão é: essas peças autônomas têm uma consciência própria e, em caso afirmativo, que tipo de consciência é essa? Elas definitivamente têm, mas provavelmente é uma consciência inferior à nossa, uma consciência desagradável. Os complexos são, por assim dizer, nossos fantasmas familiares.

# Palestra 11

*6 de julho de 1934*[148]

Estou muito feliz que uma pergunta tenha sido feita a respeito da discussão dos complexos: "Por que os complexos são evocados apenas por certas palavras-estímulo, em primeiro lugar, já que desde a mais tenra infância transgredimos tantas proibições emitidas por nossos pais, padrinhos, professores, e assim por diante, na medida em que deveríamos ter desenvolvido uma autêntica multidão de complexos, já que, na verdade, cada palavra atingiria um complexo".

Existem pessoas que são tão infames que são capazes de fazer todo tipo de coisa sem desenvolver um complexo. Assim, um peso na consciência ou culpa moral nem sempre resulta em um complexo. Quando surgem complexos, no entanto, eles se condensam de maneira econômica. Se alguém é particularmente sensível a esse assunto, muito provavelmente desenvolverá um complexo moral e será como se ele estivesse "com o diabo no corpo". Como consequência, ele terá que cometer transgressões sempre novas para que o complexo se confirme. Pois o complexo tem a característica desagradável de que sempre fazemos o que nos tenta, induzindo assim uma espécie de círculo vicioso. Há, de fato, casos em que cada palavra-estímulo atinge um complexo, mas geralmente são pessoas

---

148. As notas de Rivkah Schärf para esta palestra estão faltando.

mentalmente doentes. Nesses casos, o complexo assimila toda a atividade associativa. Você então não conseguirá extrair nada dessas pessoas a não ser precisamente seus complexos, para os quais elas criam uma linguagem específica. Pessoas normais, no entanto, não têm isso. Nelas, os complexos se solidificam com determinadas palavras-estímulo.

Há ainda outra razão para isso. Por exemplo, se três complexos importantes estão presentes em um indivíduo, e estes são unidos por um quarto complexo, este último pode, devido à sua novidade ou força, sobrepor-se aos já existentes, ou empurrá-los para segundo plano. Esses complexos têm poder magnético; eles atraem coisas para si mesmos e, às vezes, um complexo muito forte absorve todos os mais fracos. Aqui também se aplica a lei da energia: há apenas uma certa quantidade total de energia disponível, de modo que, se novos complexos aparecerem, eles desvalorizarão todos os outros. Isso ficou evidente com a eclosão da Guerra Mundial. Um grande número de neuróticos de repente conseguiu lidar com a vida novamente e se alistou no exército. Na maioria dos casos, porém, a neurose voltou logo após a guerra. Ou quando surge uma doença que ameaça a vida, pacientes insanos ou histéricos de repente se tornam racionais novamente, porque então eles sabem o que os está machucando e onde. No momento em que a doença termina, entretanto, a histeria ou doença mental reaparece. Antigamente, costumava-se passar uma loção ardente na cabeça das pessoas, para que soubessem o que havia de errado com elas. Enquanto aquilo doesse como o inferno, elas permaneciam perfeitamente sensatas.

Uma segunda questão perguntava se os complexos podem desaparecer se certas providências forem tomadas. Então, sim, na verdade este é o caso. Os complexos podem desaparecer por expiação ou confissão, seja pelo retorno do paciente a um estilo de vida razoável, seja por sua reintegração à comunidade. Pois é da natureza dos complexos que eles separem os indivíduos uns dos outros. Complexos são coisas totalmente desumanas, e é impossível chegar a qualquer compreensão dos outros com a ajuda deles. Assim como o complexo é uma porção independente *per se*, a pessoa afetada é assim separada das outras. Os complexos sempre nos tornam "peculiares" e, a menos que nos recomponhamos, é isso que seremos. Pode-se, portanto, também perguntar: "Qual é o problema com você?"[149]. Ou seja, você possui alguma coisa escondida?

Agora, se alguém tem um forte complexo, será possuído por ele e, portanto, alienado da humanidade. Através do complexo ele será, por assim dizer, levado embora. No entanto, existe uma terapia antiga para isso: a saber, a confissão. Por meio da confissão, a Igreja Católica Romana permite que as pessoas se libertem de seus complexos e retornem à comunidade. Esta antiga terapia é uma consagração por iniciação, que inclui a confissão dos pecados. Não é de forma alguma uma invenção da Igreja Católica, mas um dos meios de iniciação antes de alguém ser introduzido nos mistérios. Num nível primitivo, a matéria é naturalmente um pouco diferente do que é num nível superior, porque aí existem outros termos morais. No antigo Egito, o adepto falava as seguintes palavras, segundo uma fórmula particular: "Eu *não* fiz isso e aquilo!"; "Não enganei os sábios"; ou "Eu não roubei as posses das pessoas"; etc. O que ele realmente fez, no entanto, não vinha à luz dessa maneira.

O fato de termos acabado com a confissão na igreja protestante é uma das razões do movimento compensatório. Pelo menos oitenta por cento dos meus pacientes nos últimos trinta anos eram protestantes[150]. Tive também um bom número de

---

149. Nota: *Hast du etwas?* Literalmente, "você tem algo?".

150. Em 1930, 74,2% da população do Cantão de Zurique era protestante e 22,9%, católica romana (*Statistisches Handbuch des Kantons Zürich*, 1949, p. 30). Com agradecimentos a Ulrich Hoerni.

judeus, mas muito poucos católicos, porque estes, se usarem bem a confissão, não se tornam neuróticos nem se separam dos outros[151]. Existe ainda outra maneira de se livrar de um complexo, a saber, entrando em algum tipo de continuidade[152] que comete o mesmo pecado. A pessoa então não tem mais pecado, mas sim a sensação de que seus pecados são compartilhados com um coletivo, e então você tem no máximo um complexo nacional, por exemplo.

\* \* \*

Como há apenas mais uma palestra neste semestre, vamos agora deixar o assunto dos complexos e nos voltar para alguns princípios fundamentais da psicologia dos sonhos. O experimento de associação é sim um experimento, mas não adianta experimentar com sonhos, pois aí você está lidando com a matéria-prima fornecida pela própria natureza. Assim, você está trabalhando com um material extremamente delicado e pouco confiável. À primeira vista, todas as certezas se esgotam aí. Com os sonhos, geralmente se supõe: "Bem, algo bem diferente ainda pode vir à mente". É como se não tivéssemos nada além de espuma em nossas mãos, especialmente se esperamos que expliquemos publicamente o que um sonho realmente significa.

O sonho, como o complexo, é uma invasão do inconsciente. Os complexos são conteúdos psíquicos que, de repente, abrem caminho através de nossos conteúdos conscientes. Os sonhos são incursões que de alguma forma se intrometem na

---

151. O trecho a seguir aparece apenas em Hannah (pp. 132-133): "O Movimento de Oxford é uma compensação moderna e funciona apenas na medida em que os pecados corretos são confessados, mas essa é uma tarefa dura e difícil; existem milhares de subterfúgios e becos onde se esconder. Todos nós estamos dispostos a dizer 'não matei meu próximo, não fiz isso ou aquilo' ou mesmo 'eu fiz isso ou aquilo', mas o *verdadeiro pecado*, aquilo que fizemos que nos separou da humanidade, não vem para fora".

152. Talvez um erro de audição para "coletividade".

consciência em repouso do adormecido. Ao contrário dos conteúdos conscientes, eles têm um caráter peculiar e não estão sob nosso controle.

Achei muito interessante discutir sonhos com primitivos quando tive oportunidade. Afinal, não se pode falar sobre sonhos com pessoas instruídas, porque todo mundo vai lhe dizer: "Eu não tenho sonhos e, se tiver, já os terei esquecido pela manhã". Então, quando na África Oriental tentei falar com os nativos sobre seus sonhos – e embora o primitivo comum tenha certa sensibilidade para coisas psíquicas –, ele não pôde dizer nada sobre sonhos, apenas olhou com expectativa para o curandeiro. Quando perguntei ao curandeiro, ele me disse: "Bem, esses homens não sonham; apenas o chefe e o curandeiro o fazem. Mas agora eles só têm sonhos pequenos", e lágrimas brotaram de seus olhos. "Desde que os ingleses chegaram ao país, não temos mais grandes sonhos." É, por assim dizer, função política ou estadista do chefe sonhar e, principalmente, ter grandes sonhos[153].

Sou capaz de ensinar meus pacientes e alunos no início de sua análise a fazer a distinção entre sonhos pequenos e grandes. Os sonhos pequenos são sonhos insignificantes, fragmentados e obscuros, que tratam apenas de assuntos pessoais, enquanto os sonhos grandes são impressionantes, podem nos acompanhar por toda a vida e, às vezes, nos mudar completamente. Esses são exatamente os tipos de sonhos que o curandeiro tinha em mente. Eles sempre têm um certo significado para a vida

---

153. Jung contou essa história várias vezes, por exemplo, em OC 10/3 § 128; ou em 1962, pp. 294-295, onde acrescentou: "Sua resposta me mostrou que o curandeiro havia perdido sua *raison d'être* [razão de ser]. A voz divina que aconselhava a tribo não era mais necessária porque 'os ingleses sabiam mais'. Anteriormente, o curandeiro negociava com os deuses ou com o poder do destino e aconselhava seu povo [...] Agora, a autoridade do curandeiro foi substituída pela do Comissário Distrital".

da tribo e, portanto, devem ser contados para toda ela. Um debate com todos os homens da tribo é convocado. Então, o chefe pergunta: "Qual é o assunto da reunião desta noite?". O homem que teve o sonho se levanta e diz: "Enquanto eu estava deitado em tal e tal posição" – isso é descrito em grande detalhe – "tive tal e tal visão", que ele então relata. Todas as pessoas ouvem com muita atenção, pensam no sonho e permanecem sentadas em silêncio, até ficarem profundamente impressionadas com o sonho. Então, o chefe diz: "Nosso assunto está concluído". Depois disso, todos se levantam e vão para casa. Assim, as pessoas se dão o tempo de deixar que o sonho as afete, porque estão realmente interessadas nele, mesmo que não o entendam. Os suaílis discutirão então durante horas se um sonho é favorável ou desfavorável a um empreendimento e, se for votado desfavorável, o mais importante dos europeus descobrirá que sua expedição está sendo adiada porque os carregadores se recusarão a continuar naquele dia. Todos os meus meninos somalis carregavam livros de sonhos com eles e refletiam sobre seus sonhos todas as manhãs.

Como vocês sabem, não damos aos sonhos o valor que os primitivos lhe davam, pelo menos não oficialmente. Ninguém ousa admitir que fica muito impressionado com um sonho. Nossos camponeses riem da ideia de suas vacas serem enfeitiçadas, assim como um vereador não ousará admitir que é supersticioso. E, no entanto, eles aproveitam a primeira oportunidade para visitar secretamente o monge capuchinho[154], porque

---

154. Cf. Volume 1 (2020, pp. 223-224): "Assim, quando um fazendeiro montanhês repara, certo dia, que sua vaca está dando menos leite do que habitualmente, ele imediatamente corre ao monge capuchinho para buscar uma estampa de Santo Antônio. No dia seguinte, a vaca podia de fato dar novamente tanto leite quanto antes. O fazendeiro, porém, não conta a ninguém que foi ver o monge; pelo contrário, se alguém perguntar se ele acredita em demônios ou fantasmas, ele irá rir e exclamar: 'Oh não, que bobagem!'. Mas ele diz isso porque está buscando eleger-se ao conselho local".

ainda estão profundamente impressionados com essas verdades primordiais. As pessoas zombam dos fantasmas, mas na verdade estão convencidas de sua existência. Oficialmente, os sonhos são subestimados, mas em particular permitimos que eles nos impressionem. Ao lidar com doenças, os médicos também tendem a superestimar o lado objetivo, mas o subjetivo desempenha um papel importante, especialmente com os neuróticos.

Os sonhos têm isso em comum com os complexos: ou seja, eles avançam de repente. Portanto, ocorreu-me desde o início que os sonhos são simplesmente complexos. Por exemplo, alguém precisa fazer uma viagem, especialmente uma que de alguma forma o irrite. Talvez algo importante esteja em jogo ou ele simplesmente esteja nervoso com a viagem que tem pela frente. Naturalmente, quanto mais complexos se têm, mais complicadas se tornam as coisas mais simples, e esse alguém pode então sonhar que chega atrasado ao trem, não pode correr, perdeu a passagem, esqueceu a carteira e fica parado como se estivesse pregado no chão e observa o trem partir, e assim por diante. Portanto, esta é uma representação correta da ansiedade relacionada ao complexo sobre o evento vindouro. Ou alguém que marcou uma consulta comigo sonha que eu o avisei que é impossível comparecer ao nosso encontro naquele determinado horário, ou que já há outra pessoa no consultório quando ele chega, ou que a porta do consultório está aberta e uma senhora está sentada escutando, e assim por diante. No caso dos exames, sente-se um prazer especial em sonhar que foi reprovado. As mulheres, especialmente, estão sujeitas a tais sonhos. Se, no entanto, você experimentou algo altamente impressionante, pode ter certeza absoluta de que *não* sonhará com isso! A sabedoria antiga afirma – e não, isso não é invenção minha! – que o noivo não sonha com sua noiva; e se ele o fizer, algo está errado.

Certa vez, tive uma paciente, uma estudante de Medicina e uma pessoa muito racional, que era obcecada pela ideia de que os sonhos consistiam inteiramente em experiências anteriores. Um dia, ela chegou triunfante. No dia anterior, tinha ido ao dentista e teve um sonho em que tudo acontecia "exatamente como naquele dia". "Foi tudo realmente igual?" Ela então admitiu as diferenças "insignificantes" – a placa de identificação na porta tinha o meu nome em vez do nome do dentista, e o último, é claro, usava um jaleco branco, mas não era exatamente um casaco, mas uma camisola! O resto pode ser deixado à imaginação[155].

Os sonhos nunca repetem exatamente uma experiência, eles *sempre* têm um *significado*. Na verdade, são como experimentos de associação virados do avesso. Nesses experimentos, temos palavras-estímulo que atingem o complexo e o fazem emergir, enquanto os próprios sonhos produzem as palavras-teste. Os sonhos trazem à tona um sistema de palavras-estímulo, palavras que remetem ao significado subjacente. Se você enfatizar essas palavras e certos motivos que frequentemente se repetem nos sonhos, é realmente revelador quando você pergunta: "O que vem à sua mente sobre isso?".

Os sonhos são um território caótico, maravilhoso e mutável, mas certos grupos se destacam claramente. Em primeiro lugar, há sonhos de estímulos corporais, isto é, sonhos de estímulos somáticos, que representam, por assim dizer, imagens de estímulos. A posição do corpo durante o sono pode produzir sonhos, por exemplo, ou um ruído real pode transformar-se em sonho de uma forma muito peculiar. Quando eu era estudante, acordava todos os dias às seis horas. Certa manhã, sonhei com graves problemas diplomáticos entre a Suíça e um Estado estrangeiro. A situação tornava-se cada vez pior; nos jornais apareciam grandes manchetes: "Ameaça de guerra!" Multidões se aglomeravam nas ruas, tropas passando, ouvia-se

---

155. A última frase aparece apenas em Hannah (p. 134). Jung contou a mesma anedota com mais detalhes em seu seminário sobre sonhos infantis (2011, p. 32).

o som de disparos, um tiro de canhão – e então acordei porque a criada estava batendo na porta[156]. De outras áreas, sabemos que é possível que os conteúdos psíquicos atravessem nossas mentes quase atemporalmente, como se não houvesse tempo. Temos muito boas razões para supor que, no estado inconsciente, os conteúdos psíquicos não estão sujeitos a certas categorias às quais a consciência está. As pessoas que se afogam ou caem de uma montanha podem reviver toda a sua vida no segundo antes de perder a consciência. É como se de repente tivéssemos uma visão geral de uma enorme pintura com uma extraordinária quantidade de detalhes. Os sonhos possuem uma incrível riqueza de possibilidades, com apenas algumas imagens ou palavras. Se fossem traduzidos para uma linguagem consciente, demoraria muito. É como se outro tempo reinasse no sonho e como se existisse algo ali que soubesse e visse muito mais do que nós.

Outros sonhos somáticos típicos incluem os provocados por indigestão. Por exemplo, quando sentimos movimentos peristálticos dos intestinos, podemos sonhar com cobras. Outro exemplo: sou um bom marinheiro, mas uma vez também tive que prestar minha homenagem a Netuno. Estava atravessando de Harwich para Hoek van Holland, depois de ter jantado muito bem em Londres. Era uma noite bastante tempestuosa e fui direto para a cama dormir. Sonhei com uma escada circular; um pacote estava no fundo dela. De repente, a escada começou a girar e o pacote começou a subir. *Isso é muito prático*, pensei, mas aí alguém virou um saca-rolhas contra mim e pensei: *Não deviam fazer isso*. No mesmo instante, o pacote chegou ao topo da escada. Eu pensei, *Agora alguém deveria tirar isso de mim!*, e acordei. Mas aí já era tarde demais!

---

156. No seminário sobre sonhos infantis, Jung acrescentou: "Tive a nítida sensação do sonho ter demorado muito tempo, chegando ao ponto máximo na hora dos murros" (2011, p. 21).

Quando eu estava nos trópicos sofrendo um ataque de febre, sonhei com um negro que usava uma jaqueta branca. Ele queria enrolar meu cabelo com chapinhas muito longas e quase em brasa. Eu disse: "Isso é ridículo! Você está chamuscando meu cabelo!" Ele respondeu que queria deixá-lo todo ondulado, como o de um negro. Então, soube que este era meu primeiro sinal de estar "ficando preto por dentro". Foi um sonho febril, mas é um processo real pelo qual passam todos os europeus que estão há algum tempo na África[157].

Há também sonhos que são simplesmente realizações de desejos e compensações. Se você estiver morrendo de fome ou jejuando, sonhará com comida deliciosa; se estiver com muito calor, pode sonhar com neve. As pessoas que comeram demais e têm palpitações no coração sonham que estão subindo uma montanha ou são leves como penas e voam para o céu para o espanto de todos. Se esses sonhos se multiplicam, no entanto, muitas vezes é um sinal de problemas cardíacos. Pessoas confinadas em suas camas por muito tempo frequentemente sonham em dançar ou pular, ou em longas caminhadas. Durante a guerra, os soldados nas trincheiras muitas vezes sonhavam com domingos tranquilos na rua da aldeia, e assim por diante. Se, porém, esses sonhos paravam e as pessoas começavam a sonhar com granadas, então, sabia-se que era hora de mandá-los de volta para casa por causa de um iminente "shell shock"[158]; o inconsciente não era mais capaz de remover essas impressões do sonho. Como um tapete mágico, o inconsciente nos leva onde gostaríamos de estar[159]. Ou você pode ter mais ou menos

---

157. A última frase é de Hannah (p. 135). Consulte a página 86 e a nota 19 e a referência cruzada com *MSR*, na qual Jung afirma que esse perigo ameaça apenas "o europeu desenraizado" (1962, p. 273).

158. Esta expressão está em inglês nas notas.

159. Esta formulação é de Hannah (p. 135). Sidler disse: "Como com um manto mágico, o inconsciente remove tudo o que é desagradável de nós".

tudo que um ser humano necessita na vida – um teto sobre a cabeça, uma cama para dormir, o suficiente para comer –, não precisar temer ser morto quando pisar na rua etc. Agora, se alguém está em tal situação e depois tem sonhos desagradáveis que o torturam à noite, isso também é uma compensação. Pessoas que não trabalham e desperdiçam a vida naturalmente têm pesadelos, porque merecem uma boa surra todas as noites, por assim dizer. Quando esta função do sonho não está funcionando, é um sinal de perigo.

Existem também sonhos afetivos[160], geralmente quando os afetos não conseguiram atingir a consciência durante o dia, ou também sonhos de advertência ou sonhos que nos informam. Um empresário, por exemplo, está muito preocupado com um novo empreendimento e encantado com as novas oportunidades. Então, à noite, ele sonha que sujou completamente as mãos. E de fato era um negócio sujo.

Por fim, deixem-me mencionar os sonhos filosóficos, que sonham por nós o que não conseguimos pensar durante o dia. Todos nós devemos pensar muito mais. Nós[161], em geral, somos muito preguiçosos a esse respeito e, quando pensamos, geralmente pensamos errado.

Na próxima semana, trataremos da técnica de interpretação.

---

160. Sidler traz "sonhos complexos".

161. Esta frase aparece apenas em Hannah (p. 135).

# Palestra 12

*13 de julho de 1934*[162]

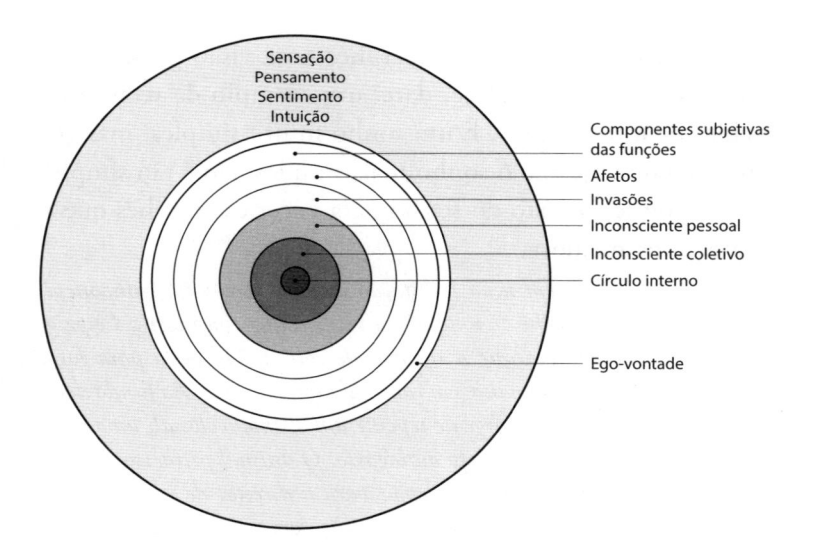

| Vermelho-alaranjado | Sensação Pensamento Sentimento Intuição |
| --- | --- |
| Branco | Ego-vontade Memória |
| Amarelo | Partes subjetivas das funções Afetos Invasões |
| Azul | Inconsciente pessoal Inconsciente coletivo |
| Branco sombreado | Círculo interno |

---

162. Apenas as notas de Sidler desta palestra começam com o seguinte gráfico e sua legenda, embora pareça não haver mais referências a ele na palestra em si.

\* \* \*

Há algumas perguntas[163]. A primeira pergunta é onde na literatura da antiguidade a lenda de Ajor [*sic*][164] ocorre. Isso está nas *Metamorfoses* de Ovídio. A citação, "[...]" [*sic*], é de um mosaico da Catedral de Verona[165]. Trouxe comigo a monografia sobre o fenômeno psicogalvânico[166].

\* \* \*

Na palestra anterior, ofereci-lhes uma visão geral de vários tipos de sonhos. Hoje, darei um exemplo da técnica de análise de um sonho[167]. É um sonho muito simples, mas vocês verão que mesmo o sonho mais simples não é tão simples assim. Vou ler o texto do sonho para vocês e peço-lhes que o guardem na memória.

> *Estou em uma habitação simples com uma camponesa. Conto-lhe de uma longa viagem que vou fazer a Leipzig, e a pé, o que a surpreende muito. Olhando para fora, vejo uma paisagem com ceifadores de feno. Ao fundo dessa paisagem, surge de repente um animal colossal, uma espécie de caranguejo ou lagarto. O animal primeiro se move para a esquerda, depois para a direita, de modo que no fim estou parado diante dele como se estivesse preso por*

---

163. Perguntas e respostas aparecem apenas em Sidler, que obviamente não captou tudo.

164. Aparece assim em Sidler; possivelmente um erro de digitação para Amor, cuja história com Psique ocupa grande parte de *As metamorfoses, ou O Asno de Ouro*, não de Ovídio, mas de Apuleio (ca. 124-ca. 170 d.C.), uma obra à qual Jung repetidamente se referiu.

165. Provavelmente, a citação que Jung mencionou na primeira palestra: "*In Patientia vestra possidebitis animas vestras*". Cf. nota    .

166. Jung publicou três artigos sobre esse tópico (1907a; Jung & Peterson, 1907; Jung & Ricksher, 1907/08).

167. Jung mencionou brevemente o seguinte caso já em *Tipos Psicológicos* (1921, § 565) e o descreveu, além dos outros três sonhos seguintes, com mais detalhes alhures (por exemplo, OC 16/2, §§ 297-305; 1935 [1934], pp. 50-55; 1944, pp. 325-333; a versão mais detalhada é de 1968 [1935], pp. 161-201).

*uma tesoura. O animal se aproxima e me sinto ameaçado, mas estou segurando um pequeno bastão, com o qual o atinjo, e ele cai morto. A partir daí, contemplo o animal por muito tempo e com muita intensidade.*

Não podemos interpretar um sonho sem saber quem o sonhou. Portanto, devo-lhes um relatório preliminar, que é absolutamente necessário para a análise dos sonhos. O sonhador é um acadêmico, tem cerca de quarenta anos, um homem que enfim percorreu uma longa trajetória[168]. Ele teve grande sucesso em seu campo específico de pesquisa, mas é sempre uma perda ter um grande sucesso! Ele ascendeu a uma posição de liderança, em todo caso, uma posição que era promissora em muitos aspectos; pelo menos comparável a alguém que iniciou uma subida ao nível do mar pela manhã e elevou-se a uma altura de 6.500 pés na hora do almoço, alcançando uma planície alta, de onde vê as montanhas com 13 mil pés de altura e pensa: "Bem, agora, vamos enfrentar isso também, no nosso ritmo!"

Parecia não haver obstáculos, mas ainda assim ele desenvolveu uma neurose muito peculiar, que o levou a se consultar comigo. Não raro, sentia-se estranhamente enjoado e sofria de tonturas, por exemplo, quando estava no topo de um lance de escada, um certo medo de cair o dominava. Desse modo, evitava lugares elevados de onde se pudesse olhar para baixo. Ele tinha uma frequência cardíaca acelerada e uma série de outros sintomas que, juntos, formavam um quadro clínico curioso, também observável em outros lugares, conhecido como mal da montanha. Ele apresentava todos os sintomas conhecidos: ansiedade, insegurança, tontura, até náusea, cabeça pesada e dificuldade para respirar. Quando mencionei isso, também achou estranho e admitiu que, quando jovem, sofrera do mal da montanha com

---

168. Ele era "o diretor de uma grande escola pública, um sujeito muito inteligente" (Jung, 1968 [1935], § 161).

exatamente os mesmos sintomas. Eu lhe perguntei: "Diga-me, há alguma possibilidade de que você tenha tido um sonho estranho?". "Sim, dois deles ontem à noite, na verdade!" Eis o primeiro sonho:

> *Ele chega a uma pequena aldeia. Alguns fazendeiros estão ali parados, ociosos. Ele está usando um chapéu-coco e um belo terno preto, carregando um livro grosso debaixo do braço e parecendo muito digno. Então pensa: "Eles vão ter uma surpresa!" Alguns meninos passam por ele e ele reconhece seus ex-colegas de colégio. Ouve um deles dizer ao outro: "Ele não aparece com muita frequência!"*

O segundo sonho:

> *Ele acorda (no sonho) e sabe que deve fazer uma viagem importante naquele dia. Sabe que o trem está programado para partir às oito horas. Já são dez para as oito. Veste-se freneticamente, junta seus documentos e papéis, sua mala e sai correndo de casa. De repente, ele lembra que esqueceu seu portfólio. Corre de volta, finalmente o encontra, sai correndo de casa novamente, mas quase não avança, como se estivesse colado ao chão, e finalmente chega à estação a tempo apenas de ver o trem partindo. A princípio, fica horrorizado. Mas então percebe uma coisa estranha: a linha férrea não é reta, mas tem um estranho formato de S assim que sai da estação, e o trem é muito longo. Ocorre-lhe que, se o maquinista colocar a locomotiva a todo vapor e correr à frente quando chegar à parte reta da linha, o trem com os vagões atrás da locomotiva descarrilará. O maquinista, que idiota, de fato acelera totalmente. Ele grita e balança os braços, mas o maquinista não o ouve e ele continua acelerando. Os últimos vagões são lançados para fora dos trilhos e há um terrível acidente, com o qual ele acorda.*

Portanto, este é um sonho típico de ansiedade[169].

---

169. Jung deu uma interpretação mais detalhada dos sonhos desse homem nas Conferências de Tavistock (OC 18/1, §§ 161-201).

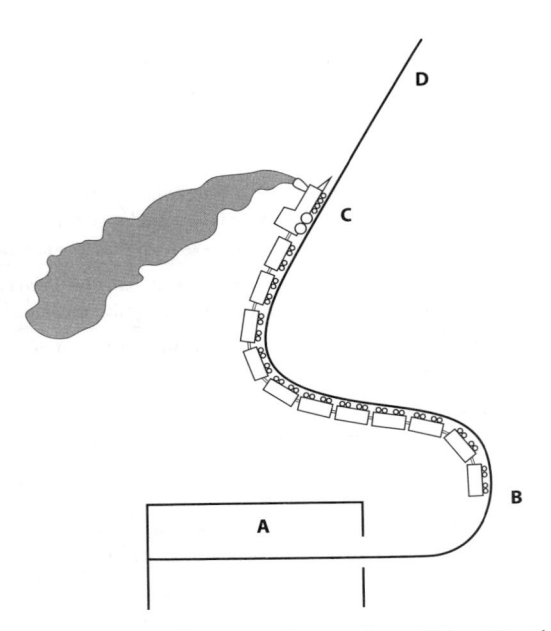

O sonhador vem de uma origem humilde. O vilarejo do sonho é a sua aldeia natal. O livro grosso é para mostrar sua erudição. Na verdade, ele raramente retorna ao vilarejo. Assim, o primeiro sonho é um lembrete de onde ele vem e o que ele era originalmente. O segundo sonho, ao contrário, mostra seu objetivo e suas perspectivas futuras. Apesar de seus melhores e mais frenéticos esforços, ele não consegue atingir seu objetivo. O maquinista nem por um momento pensa que há um longo trem atrás dele e avança a todo vapor, como se a locomotiva estivesse sozinha.

Não interpretaremos totalmente esses dois últimos sonhos, pois seu significado é bastante óbvio, mas há vários temas no primeiro sonho que agem como palavras-estímulo. Trataremos o sonho como um teste de associação e retiraremos palavras-teste dele[170].

---

170. Esta frase aparece apenas em Hannah (p. 137).

| | |
|---|---|
| Camponesa | Notamos, por exemplo, que o sonhador está com uma *camponesa* em uma habitação simples. Guardemos de cabeça essa informação. |
| Longa jornada | Então, deparamo-nos com a ideia de uma *longa jornada*. |
| Ceifadores | Então, vem algo como um intermezzo. Enquanto ele diz à camponesa que pretende fazer uma longa viagem a Leipzig, de repente a paisagem com *ceifadores* aparece lá fora. |
| Monstro | Nessa paisagem, surge de repente um *monstro*, meio caranguejo e meio lagarto. Os sonhos costumam misturar animais assim. |
| Esquerda-direita | Então, com esse estranho movimento do animal, primeiro para a direita e depois para a esquerda[a], temos, assim, o *tema direita-esquerda*. |
| Bastão | Depois, o tema do *bastão*, com o qual obviamente mata o animal gigante de forma mágica. |
| Contemplação[b] | Por fim, há a observação evidentemente significativa na conclusão do sonho de que ele *contempla intensamente* o animal por um longo tempo depois de matá-lo. |

[a] *Sic*; no texto do sonho como contado por Jung, e também em suas observações interpretativas seguintes, o lagarto-caranguejo move-se primeiro para a esquerda e depois para a direita (também em Jung, OC 18/1, § 180).

[b] Notas: *Betrachtung*. Cf. nota 153.

Um sonho deve sempre ser anotado de imediato; caso contrário, inevitavelmente mentimos para nós mesmos. O melhor é anotá-lo em uma folha de papel dividida em três colunas: a primeira coluna é para o texto; a segunda para o contexto, ou seja, comentários sobre a palavra-chave e associações que temos com ela, como se fosse uma palavra-complexo. Na terceira coluna, podemos observar a interpretação. Esta é a maneira de trabalhar em um sonho humildemente, por conta própria, quando não há nenhum analista talentoso disponível para fazê-lo.

| Texto (temas de sonho) | Contexto (associações) | Interpretação |
|---|---|---|
| Camponesa | Viúva | – |
| Habitação simples | Há uma longa pausa, então ele menciona o hospital[a] perto de St. Jakob | – |
| Ceifadores | Quadro na casa dele | |

[a] *Siechenhaus*, um hospital para doentes incuráveis.

Quando perguntei a ele sobre suas associações com a "camponesa", ele disse: "uma viúva, uma mulher que fornece hospedagem, uma pessoa completamente sem instrução". Então, houve uma longa pausa, pois era muito desagradável para ele lembrar que sua mãe era uma viúva pobre. Ele fora tão bem-sucedido e viajara para tão longe de suas origens humildes que preferia entregar-se a vagas fantasias de uma possível linhagem nobre em vez de lembrar o fato de que vinha de uma origem tão humilde. Aqui temos o chamado tema das duas mães. Heróis e faraós sempre alimentaram a noção de dois pares diferentes de progenitores, um humano e um divino. Nas paredes externas das pirâmides, a história real é retratada, enquanto no interior, na "câmara de nascimento", há uma representação de dois deuses copulando. Encontramos o mesmo tema nos heróis da mitologia grega, mesmo que fosse apenas o leite que era divino, como no caso de Héracles: "Ela arrancou o seio da boca dele, e o leite jorrou sobre os céus e formou a Via Láctea"[171]. Este tema da dupla origem reside no inconsciente coletivo.

Portanto, é bastante inconveniente para ele se lembrar de suas origens humildes. Com relação à "habitação simples", a princípio ele diz que nada lhe ocorre. Nesses casos, os pacientes avançam um pouco mais e, depois de algum tempo, trazem alguma associação exagerada. Assim, de repente, ele se recorda do hospital perto de St. Jakob an der Birs, onde 1.500 bravos suíços perderam a vida em 1444[172]. Em tais casos, devemos

---

171. De acordo com a mitologia greco-romana, Hera/Juno foi levada por seu marido Zeus/Júpiter a amamentar seu filho bastardo Héracles/Hércules quando bebê enquanto ela dormia, a fim de conceder a Héracles a imortalidade. Quando Hera acordou e percebeu quem ele era, imediatamente o arrancou de seu seio, e seu leite se espalhou pelo céu para formar a Via Láctea.

172. Na lendária batalha de St. Jakob an der Birs, em 26 de agosto de 1444, 1.500 suíços lutaram contra um exército mercenário francês de cerca de 20 a 30 mil homens fora dos muros da cidade de Basileia. Exceto por cerca de quinze soldados que conseguiram escapar, o exército suíço acabou sendo aniquilado até

lembrar que foi o próprio paciente quem fez essa associação aparentemente absurda e que não era tão ridícula quanto parecia, já que ele próprio estava contemplando uma matança, não de 1.500 suíços de fato, mas de um pobre monstro[173]. Exceto pelo fato de que ele escolhe o caminho mais fácil, fazendo isso com um bastão mágico.

A viagem a Leipzig replica uma fantasia. Ele havia estudado em Leipzig e sua ambição não estava satisfeita com a universidade na qual já ocupava um cargo de liderança. Ele deseja receber uma cátedra na Universidade de Leipzig; a universidade o impressionara na época, por isso, ele acredita que estaria no mínimo extremamente feliz se chegasse lá. Então, ele compartilha sua ambição com esta mulher simples que está tremendamente maravilhada com tal projeto. Em seguida, aparecem os ceifadores. Ele os associa a um quadro de ceifadores na parede de sua casa. Isso o leva de volta à infância, quando ajudava os ceifadores, o que teria sido uma associação muito mais simples, mas da qual não gostaria de se lembrar por causa de seu passado desagradável; ele não colaborou por gosto, mas porque precisava fazê-lo.

Até este ponto, o sonho é bastante banal, mas depois passa a ser criativo. O fundo desagradável torna-se ainda mais desagradável com o surgimento do "lagarto-retrocesso"[174]. O sonho cria um monstro, um animal inexistente, parte lagarto e parte

---

o último homem no pequeno hospital de St. Jakob, para onde os remanescentes haviam recuado. As tropas francesas sofreram perdas tão pesadas, no entanto, que voltaram atrás e, eventualmente, um tratado de paz foi assinado entre a França e a Confederação Helvética e Basileia. A batalha se tornou um símbolo da bravura militar suíça em face de adversidades esmagadoras, encontrando menção explícita no hino nacional (até 1961).

173. Aparece assim em Hannah (p. 138). Sidler: "[...] pois ele próprio estava prestes a ter uma morte heroica, como os 1.500 suíços".

174. Notas: *Regress-Eidechse*.

caranguejo – que, como se sabe, anda para trás –, embora neste caso se desloque para frente. A princípio, não o pressionei a respeito desse monstro; eu só queria saber em que grau ele estava consciente desse tema.

Sobre o tema "direita-esquerda", ele mencionou que o lado esquerdo era o desfavorável, pois a palavra em latim para esquerda, *sinister*, significa escuro, sombrio, lúgubre; e maus agouros vêm da esquerda. Então, o monstro foi para a direita, no entanto, e para isso ele não tinha associações. Ele apenas observou: "Quando o animal se moveu para a direita, ele foi para a morte". O lado esquerdo é sempre entendido da perspectiva do nosso corpo. É o lado do coração. O lado esquerdo é o lado emocional e semiconsciente, onde as coisas nos acontecem como que acidentalmente. Já o lado direito é o lado intencional e atuante e controlado pela mente. O que fazemos do lado direito é, portanto, "certo", é "controlado". Muitas vezes, "não sabe a mão esquerda o que faz a direita"[175], e muitas vezes o lado esquerdo faz algo que o direito preferiria não saber. Isso parece ser verdade no caso do sonhador. O animal primeiro se move para a esquerda, significando que o sonhador está ameaçado pelo inconsciente; então, porém, ele também é ameaçado pelo lado direito, pela consciência. Esse último ele sente ser perigoso, pois não quer isso na consciência. Então, aqui as coisas se tornam perigosas para o animal, pois agora ele está em poder de um bastão.

O bastão imediatamente evoca uma "varinha mágica" em sua mente. Essa vitória, porém, não o deixa particularmente feliz, pois no fim ele pondera sobre ela por muito tempo. "No que você estava pensando?" "Na verdade, não sei!" A palavra *betrachten*[176] é notável. Esse bom e velho termo alemão busca

---

175. Mt 6,3.

176. *betrachten*: olhar, considerar, encarar, ver, contemplar, mirar, examinar, observar.

expressar uma ação curiosa, uma espécie de ação mágica. Se *betrachten* algo, olharmos intensamente aquilo e durante muito tempo. De acordo com o entendimento antigo, o ato de ver envolve a emissão de um fluido ou aura[177]. Se observarmos um leão ou uma cobra na selva por um longo tempo, por exemplo, e permanecermos suficientemente imóveis, então "os mais espertos cedem"[178] e o leão ou a cobra vai embora. É possível enfeitiçar as pessoas da mesma forma[179]. Se desejarmos algo com bastante força e olharmos para ele por tempo suficiente, ele virá até nós. Isso já é conhecido pelas crianças; quando elas entram na cozinha do vizinho e olham a geleia por tempo suficiente, ela chegará a eles. O mesmo acontecia com os antigos gregos: se contemplassem a imagem de um deus por tempo suficiente, uma hora ele piscaria ou balançaria a cabeça. Se olharmos e *betrachten* algo por bastante tempo, ele será vitalizado por nossa vida, será como que fecundado ou engravidado[180].

---

177. Platão pensava na visão como uma espécie de toque: "E dos órgãos eles [os deuses] construíram primeiro olhos portadores de luz, e estes eles fixaram no rosto pela seguinte razão. Planejaram que todo fogo que tivesse a propriedade não de queimar, mas de dar uma luz suave, formasse um corpo semelhante à luz de todos os dias. Pois eles fizeram o fogo puro dentro de nós, que é semelhante ao do dia, fluir através dos olhos em um fluxo suave e denso; e eles comprimiram toda a substância, e especialmente o centro dos olhos, de modo que obstruíam todo outro fogo que fosse mais grosseiro e permitiam que apenas esse tipo puro de fogo se filtrasse. Assim, sempre que o fluxo de visão é cercado pela luz do meio-dia, ele flui de igual para igual e, unindo-se a ele, forma uma substância semelhante ao longo do caminho da visão dos olhos, sempre que o fogo que flui de dentro colide com um objeto obstrutivo externo. E esta substância, tendo todas se tornado semelhantes em suas propriedades por causa de sua natureza semelhante, distribui os movimentos de cada objeto que toca, ou pelo qual é tocado, por todo o corpo até a Alma, e produz aquela sensação que agora denominamos 'ver'" (*Timeu*, ca. 360 a.C. [1925], 45b-46c).

178. *Der Klügere gibt nach*, provérbio alemão para o qual não há equivalente exato em inglês [nem em português].

179. Esta frase aparece apenas em Hannah (p. 138).

180. Notas: [...] *wird es mit unserem Leben erfüllt – es wird sozusagen geschwängert oder "trächtig"*.

Lembro que quando criança eu ia visitar uma tia aos domingos. Havia uma imagem entalhada em cobre de um pároco em uma escada. Eu ficava encarando o retrato até que o pároco se movesse e descesse os degraus[181]. Então, ficava satisfeito e podia voltar para casa. Esta arte da observação foi praticada até o fim da Idade Média. Por muitos anos, considerei esse incidente como coisa de criança, mas os primitivos fazem exatamente a mesma coisa; eles conhecem o efeito mágico do olho. Parece que nossa vida pode fluir de nossos olhos e entrar no objeto, que então se moverá em nossa direção. Ao fitar e contemplar esse monstro por tanto tempo, o sonhador realmente tenta fazê-lo se mover e trazê-lo de volta à vida, embora não tenha consciência disso. Pois ninguém mata tal monstro com um bastão. Isso seria muito simples! O sonho nos fornece toda a sua vida, e eu poderia lhes dar muitos outros exemplos de sonhos ainda mais simples, que compartilham uma característica essencial – contêm toda a vida e a situação do sonhador.

Vamos agora tentar interpretar esse sonho com base no que sabemos. Assim como numa peça de teatro, chamamos o início do sonho de exposição. Ela apresenta a situação em que se situam o próprio sonhador e o problema do sonho. É como se alguém começasse uma explanação dizendo ao adormecido: "Seu problema começa numa casa humilde, onde há essa mulher simples, igual à sua mãe. Você conta a ela sobre seus planos magníficos. Ela fica impressionada e maravilhada, mas na verdade você ainda está nesta casa humilde; você ainda é um garotinho morando com a mãe".

Em toda vida humana existem etapas, e não podemos simplesmente pular uma delas. Há uma certa diferenciação, que forma um estágio. Não é de maneira alguma irrelevante em

---

181. Jung contou essa anedota também nas Conferências de Tavistock (OC 18/1, § 397). O retrato era de seu avô.

que estágio ou em que nível alguém nasce. Um habitante do nível do mar pode subir talvez 6.500 pés sem sofrer do mal da montanha, e aquele que começou a 6.500 pés pode subir até 13.000, mas a altura em que nascemos nos acompanha por toda a vida e nunca pode ser negada. Certos limites são estabelecidos a esse respeito. Não podemos negar as influências que ocorreram em nossa infância e juventude; elas nos acompanham por toda a nossa vida. Sempre seremos confrontados com o nosso passado. Ele nos segue como os vagões do comboio, ou avança como a locomotiva que nos puxa. Nosso passado não precisa ser apenas um peso morto; também pode ser um impulso poderoso. A grande diferença entre a situação atual [e a infância] pode representar um tema de vida. Bourget trata desse tema em *L'Étape*, livro que recomendo a vocês[182].

Este homem assegurou para si uma posição considerável ao lado da colina. Já existe uma grande diferença entre onde este homem está hoje e onde começou, e ele deveria estar satisfeito. Mas ele é racionalista. Pensa: se já percorreu um caminho tão longo em tão pouco tempo, por que não deveria ir ainda mais longe? Não é mais tão jovem assim; tem quarenta anos. Nessa idade, já deveríamos ter alcançado nosso lugar na vida, e se alguém ainda não o fez, se ainda tem que ascender, pode-se apenas dizer que é uma grande exceção. Como vocês sabem, existe uma biografia bem conhecida que diz: "Até os quarenta anos, ele não deu sinais de genialidade. E depois também não!"[183].

Nosso sonhador está na segunda metade da vida após atingir a altura do meridiano[184], depois de passar pelo trampolim

---

182. Cf. nota 51. O romance *L'Étape* (1902) é um estudo sobre a incapacidade de uma família que ascendeu rapidamente da classe camponesa em se adaptar às novas condições.

183. Fonte não identificada.

184. Em Sidler está: "ele não havia alcançado a altura do meridiano".

dos trinta e cinco anos. Ele ignorou isso, porém, e aos trinta e seis anos um certo nervosismo tornou-se aparente. Uma parte dele queria prosseguir, mas outra parte disse: "Não!" Na verdade, ele ainda está na infância, e ainda é um garotinho. A exposição do sonho indica que ele deveria se lembrar de que havia trabalhado com ceifadores e que sua mãe é uma simples camponesa. Dessa impressão, surge um pensamento assustador, de um animal que anda para trás, um caranguejo ou um lagarto. Ambos os animais são criaturas de sangue frio; não são calorosos e não são passionais; são animais de água fria. Não há desejo ardente de novos empreendimentos, nem paixão fervorosa, mas são animais de sangue frio, que inclusive se movem para trás, que lhe mostram o caminho. Mitologicamente, esse lagarto-caranguejo pertence à categoria dos "animais úteis", que indicam o caminho aos humanos em situações críticas, ou trazem algo que lhes falta. Entre os numerosos outros temas do inconsciente coletivo – o vau, o dragão, o príncipe encantado etc. – o animal útil frequentemente se apresenta, como o corvo que traz comida para o prisioneiro ou a loba que amamentou Rômulo e Remo[185].

O pensamento do caranguejo leva para trás. Vem primeiro da esquerda desfavorável e depois da direita, de onde ameaça se tornar consciente. Essa consciência de que esse animal representa a peripécia de sua vida tem que ser evitada, e por isso é morta pelo sonhador com sua varinha mágica. Esta varinha é um instrumento mágico que os humanos possuem. Quando temos uma varinha mágica, a pegamos com a mão direita; isto é, afastamos alguma coisa com o pensamento. Se o fizermos bem, ela deixará de existir. Se algo não nos serve, inventamos uma justificativa. O intelecto é uma varinha mágica com a qual você pode ratificar e refutar qualquer coisa, especialmente

---

185. Como na conhecida lenda sobre a fundação de Roma.

coisas desagradáveis, como neste caso: "Mas este animal não existe! É apenas uma figura de sonho". O animal é então completamente exterminado. Mas o que aconteceu com ele? Onde ele está, de fato? Isso o sonhador não sabe, e é por isso que ele o *betrachten* por tanto tempo. O que aconteceu, no entanto, desconhecemos. Ele não pode se dar ao luxo de matar esse animal, pois é seu instinto natural. Ele perdeu esse instinto natural, porém, e não o reconhece mais na imagem do animal, porque é racionalista e acredita no progresso contínuo. Faz tanto tempo desde que este homem seguiu seu instinto que simplesmente não o reconhece nesta forma monstruosa. Ele acreditava que sua vida deveria consistir em progresso contínuo e não está disposto a sacrificar essa ideia. Esta é a ilusão de nossa época, acreditar que há progresso contínuo, mas também há retrocesso contínuo! Essa interpretação não trouxe esclarecimento ao sonhador. Ele não aprendeu nada com isso e se recusou a aceitar minha explicação para esse sonho. Então, infelizmente, ele continuou seguindo suas ambições e uma situação desastrosa se seguiu. E foi assim que algum tempo depois seu lugar confortável na encosta da montanha também ruiu.

# Referências

As citações da Obra Completa de C.G. Jung foram todas extraídas da tradução brasileira publicada pela Vozes e aparecem indicadas pelo número do volume e os respectivos parágrafos.

**Conteúdo das palestras**

Avalon, A. [Sir John Woodroffe] (Ed.). (1919). *Shrî-chakra-sambhara Tantra*. Luzac; Thacker, Spink.

Flournoy, T. (1900 [1899]). *Des Indes à la planète Mars: Étude sur un cas de sonambulismo com glossolalie*. F. Alcan; C. Eggimann.

Flournoy, T. (1994). *From India to planet Mars: A case of multiple personality with imaginary languages*. Princeton University Press.

Hesse, H. (2006 [1916-1944]). *"Die dunkle und wilde Seite der Seele": Briefwechsel mit seinem psychoanalytiker Josef Bernhard Lang 1916–1944*. (T. Feitknecht, ed.). Suhrkamp.

Inácio de Loyola (1996 [1522-1524]). The spiritual exercises. In *Personal writings: Reminiscences, spiritual diary, selected letters including the text of the spiritual exercises* (pp. 281-328). Penguin.

Jung, C.G. (1996). *The psychology of kundalini yoga: Notes of the seminar given in 1932 by C. G. Jung* (S. Shamdasani, ed.). Princeton University Press. [trad. Jung, 2022]

Jung, C.G. (2022). *A psicologia da ioga kundalini: Notas do seminário realizado em 1932 por C. G. Jung* (S. Shamdasani, ed.). Vozes.

Kerner, J. A. C. (2011). *The seeress of Prevorst: Being revelations concerning the inner-life of man, and the inter-diffusion of a world of spirits in the one we habit.* Cambridge University Press.

Kerner, J. A. C. (2012). *Die seherin von Prevorst: Eröffnungen* über *das innere leben und* über *das hineinragen einer geisterwelt in die unsere.* (Trabalho original publicado em 1829).

Maas, P. A. (2006). *Samâdhipâda: Das erste kapitel des pâtañjalayogaśâstra zum ersten mal kritisch ediert.* Shaker.

Müller, M. (1894). Introduction to Buddhist Mahâyâna texts. In M. Müller (Ed.), *The sacred books of the East* (Vol. 49). Clarendon.

**Outros textos de C.G. Jung**

Jung, C. G. (1907b). Association d'idées familiales. *Archives de Psychologie, 7*(26), 160-168.

Jung, C. G. (1931). *Seelenprobleme der Gegenwart.* Rascher.

Jung, C. G. (1935 [1934]). *Bericht über das Basler Seminar. 1–6 October 1934.* Impressão privada.

Jung, C. G. (1944). *L'homme à la découverte de son âme.* Éditions du Mont-Blanc.

Jung, C. G. (1962). *Memories, Dreams, Reflections* (A. Jaffè, ed.). Fontana.

Jung, C. G. (1968 [1935]). *Analytical psychology, its theory and practice.* Routledge & Kegan Paul.

Jung, C.G. (1972). *Briefe I, 1906-1945* (Aniela Jaffé & Gerhard Adler, eds.). Walter. [trad. Jung, 2000]

Jung, C. G. (1973). *Briefe III, 1956–1961* (Aniela Jaffé & Gerhard Adler, eds.). Walter. [trad. Jung, 2003]

Jung, C. G. (1977). *Visions: Notes of the seminar given in 1930-1934.* (C. Douglas, ed.). Princeton University Press.

Jung, C. G. (2000). *Cartas de C.G. Jung.* Volume I, 1906-1945 (Aniela Jaffé & Gerhard Adler, eds.). Editora Vozes.

Jung, C. G. (2003). *Cartas de C.G. Jung.* Volume III, 1951-1961 (G. Adler, & A. Jaffé, eds.). Editora Vozes.

Jung, C. G. (2008). *Children's dreams: Notes from the seminar given in 1936-1940* (Lorenz Jung, ed.). Princeton University Press. [trad. Jung, 2011]

Jung, C. G. (2009). *The Red Book. Liber Novus* (Sonu Shamdasani ed.). W.W. Norton. [trad. Jung, 2013]

Jung, C. G. (2011). *Seminários sobre sonhos de crianças.* Editora Vozes.

Jung, C. G. (2013). *O Livro Vermelho. Liber Novus* (Sonu Shamdasani ed.). Editora Vozes.

Jung, C. G. (2014). *Dream interpretation ancient and modern: Notes from the seminar given in 1936-1941* (J. Peck, L. Jung, & M. Meyer-Grass, eds.). Princeton University Press.

Jung, C. G. (2018). *History of modern psychology: Lectures delivered at ETH Zurich.* Volume 1: 1933-1934. Princeton University Press. [trad. Jung, 2020]

Jung, C. G. (2020). *História da psicologia moderna.* Vozes.

Jung, C. G., & Göring, M. H. (1934) "Geheimrat Sommer on his 70th birthday", *Zentralblatt* VII.

Jung, C. G., & Neumann, E. (2015). *Analytical psychology in exile: The correspondence of C. G. Jung and Erich Neumann* (Martin Liebscher, ed.). Princeton University Press.

Jung, C. G., & Schmid-Guisan, H. (2013). *The question of psychological types: The correspondence of C. G. Jung and Hans Schmid-Guisan, 1915-1916* (John Beebe e Ernst Falzeder, ed.). Princeton University Press.

**Outras obras**

Adler, G. (1934). *Entdeckung der seele: Von Sigmund Freud und Alfred Adler zu C. G. Jung*. Rascher.

Bally, G. (1934, 27 de fevereiro). Deutschstämmige therapie. *Neue Zürcher Zeitung, 343*.

Baynes Jansen, D. (2003). *Jung's apprentice: a biography of Helton Godwin Baynes*. Daimon.

Bergson, H. (1998). *Creative evolution*. Henry Holt [Reimpressão usando chapas originais: Dover].

Bleuler, E. (1912). Zur theorie der sekundärempfindungen. *Zeitschrift für Psychologie, 65*, pp. 1-39.

Boas, F. (1940). Changes in bodily form of descendants of immigrants. In idem, *Race, language and culture*, 60-77. Macmillan.

Bourget, P. (1902). *L'Étape*. Paris: Éditions Plon-Nourrit.

Condillac, É. B. de (1798). *Traité des sensations*. (2 vols.). Londres, Paris: de Bure. *Traité des sensations*. In *Oeuvres de Condillac: Revues, corrigées par l'Auteur, imprimées sur ses manuscrits autographes, et augmentées de "La Langue des Calculs," ouvrage posthume*. (Vol. 3). Ch. Houel.

Descartes, R. (1637). *Discours de la méthode pour bien conduire sa raison et chercher la verité dans les sciences*. Jan Maire.

Espinoza, B. (2005). *Ethica, ordina geometrico demonstrata*. Carl Winter. *Ethics*. Penguin Classics.

Falzeder, E. (2012). Freud and Jung, Freudians and Jungians. *Jung Journal, Culture & Psyche, 6*(3), 24-43.

Falzeder, E. (2016). Types of truth: Jung's philosophical roots. *Jung Journal, Culture & Psyche, 10*(3), 14-30.

Freud, S. (1910). The antithetical meaning of primal words. In *The standard edition of the complete psychological works of Sigmund Freud.* Hogarth; The Institute of Psycho-Analysis, 1953-1974 [= *SE*], 11, pp. 155-161.

Freud, S. (1916–1917). *Introductory lectures on Psycho-analysis. SE* 15 e 16.

Freud, S. (1933). *New introductory lectures on Psycho-analysis. SE* 22, pp. 5-182.

Freud, S., & Eitingon, M. (2004). *Briefwechsel 1906–1939.* (2 Vols). M. Schröter (Ed.). Edition diskord.

Freud, S., & Jung, C. G. (1988). *The Freud/Jung letters: The correspondence between Sigmund Freud and C. G. Jung* (W. McGuire, ed.). Harvard University Press. [trad. Freud & Jung, 2023]

Freud, S., & Jung, C. G. (2023). *Cartas de Freud e Jung* (W. McGuire, ed.). Editora Vozes.

Frobenius, L. (1904). *Das Zeitalter des Sonnengottes.* Georg Reimer.

Fürst, E. (1907). Statistische Untersuchungen über Wortassoziationen und über familiäre Übereinstimmung im Reaktionstypus bei Ungebildeten. *Journal für Psychologie und Neurologie, 9.*

Gagliardi, E. (1938). Die Universität Zürich 1833–1933. In Gagliardi, E. *et al.* (Eds.), *Die Universität Zürich 1833–1933 und ihre Vorläufer.* Erziehungsdirektion.

Goethe, J. W. von (1848). *Truth and poetry: from my life.* Henry G. Bohn.

Goethe, J. W. von (1994). *Aus meinem Leben: Dichtung und Wahrheit.* Tubingen: J. G. Cotta'ische Buchhandlung. *Hamburger Ausgabe*, Vol. 9, *Autobiographische Schriften I.* C. H. Beck, 12., durchgesehene Auflage.

Goethe, J. W. von (1994). *From my life: poetry and truth. The Collected Works.* (Vols. 4 e 5). Princeton University Press.

Grimm, J., & Grimm, W. (1984). *Deutsches Wörterbuch.* (16 Vols). Deutscher Taschenbuch.

Hannah, B. (1959). *Modern Psychology.* (Vols. 1 e 2). *Notes on the lectures given at the Eidgenössische Technische Hochschule, Zürich, by Prof. Dr. C. G. Jung, October 1933-July 1935. 2.* (Impressão particular).

Hannah, B. (1991). *Jung, his life and work: A biographical memoir.* Shambhala. [trad. Hannah, 2022]

Hannah, B. (2022). *Jung, vida e obra: Uma memória biográfica.* Editora Vozes.

Hinkle, B. M. (1923). *The re-creating of the individual: A study of psychological types and their relation to Psychoanalysis.* George Allen & Unwin.

Jaffé, A. (1968). *Aus Leben und Werkstatt von C. G. Jung: Parapsychologie, Alchemie, Nationalsozialismus, Erinnerungen aus den letzten Jahren.* Rascher.

Jones, E. (1955). *The life and work of Sigmund Freud.* (Vol. 2). *Years of Maturity, 1901–1919.* Basic Books.

Joyce, J. (1922). *Ulysses.* Egoist.

Kirsch, T. B. (2000). *The Jungians: A comparative and historical perspective.* Routledge.

Kranefeldt, W. M. (1930). *Die Psychoanalyse: Psychoanalytische Psychologie.* Mit einer Einführung von C. G. Jung. W. de Gruyter [Sammlung Göschen N. 1034]

Lang, H. S. (2005). Perpetuity, eternity, and time in Proclus' cosmos. *Phronesis, 50*(2), 150-169.

Laplanche, J., & Pontalis, J.-B. (1973). *The language of psycho-analysis.* W. W. Norton.

Lossky, N. O. (1919). *The intuitive basis of knowledge: An epistemological inquiry.* Macmillan.

McGuire, W., & R. F. C. Hull (Eds.). (1977). *Jung speaking: Interviews and encounters.* Princeton University Press.

Murchison, C. (Ed.) (1925). *Psychologies of 1925.* Clark University Press.

Murchison, C. (Ed.) (1930). *Psychologies of 1930.* Clark University Press.

Naef, M. (1897). Ein Fall von temporärer, totaler, theilweise retrograder Amnesie. *Zeitschrift für Hypnotismus 6*, 321-354.

Nietzsche, F. (1999) *Beyond good and evil.* Cambridge University Press.

Nietzsche, F. (2002). *Jenseits von Gut und Böse.* Deutscher Taschenbuch.

Pfister, O. (1912). Die Ursache der Farbenbegleitung bei akustischen Wahrnehmungen und das Wesen anderer Synästhesien. *Imago, Zeitschrift für Anwendung der Psychoanalyse auf die Geisteswissenschaften 1*, 265-275.

Platão (1925). *Plato in twelve volumes.* (Vol. 9). Harvard University Press; William Heinemann.

Roudinesco, E., & Plon, M. (2006). *Dictionnaire de la Psychanalyse: Troisième édition.* Fayard.

Semon, R. (1921). *Mneme.* George Allen & Unwin.

Shamdasani, S. (2003). *Jung and the making of modern Psychology: The dream of a science.* Cambridge University Press.

Shamdasani, S. (2005). *Jung stripped bare by his biographers, even.* Karnac.

Skues, R. (2012). Clark revisited: Reappraising Freud in America. In J. Burnham (Ed.), *After Freud left: A century of Psychoanalysis in America* (pp. 49-84). University of Chicago Press.

Statistisches Bureau des Kantons Zürich (1949). *Statistisches Handbuch des Kantons Zürich.* Buchdruckerei Berichthaus.

Stiftung C. G. Jung Küsnacht (Ed.). (2009). *The house of C. G. Jung: The history and restoration of the residence of Emma and Carl Gustav Jung-Rauschenbach.* Print & Media AG.

Talbot, P. A. (1912). *In the shadow of the bush.* George H. Doran Company; William Heinemann.

Van der Hoop, J. H. (1923). *Character and the unconscious: A critical exposition of the Psychology of Freud and of Jung.* K. Paul; Trench; Trubner; Harcourt, Brace.

Vandercook, (1926). J. W. *Tom-Tom.* Harper & Brothers.

Vandercook, J. W. (1925, out.). White magic and black: The jungle science of Dutch Guiana. *Harper's Monthly Magazine,* 548-554.

Wells, H. G. (1895). *The time machine: An invention.* Heinemann/Henry Holt.

# Índice

Os números das páginas em *itálico* indicam figuras e tabelas.

Conecte-se conosco:

facebook.com/editoravozes

@editoravozes

@editora_vozes

youtube.com/editoravozes

+55 24 2233-9033

## www.vozes.com.br

Conheça nossas lojas:

www.livrariavozes.com.br

Belo Horizonte – Brasília – Campinas – Cuiabá – Curitiba
Fortaleza – Juiz de Fora – Petrópolis – Recife – São Paulo

 **EDITORA VOZES**

 — VOZES — **NOBILIS**

*Vozes de Bolso*

 Vozes Acadêmica

**EDITORA VOZES LTDA.**
Rua Frei Luís, 100 – Centro – Cep 25689-900 – Petrópolis, RJ
Tel.: (24) 2233-9000 – E-mail: vendas@vozes.com.br